日本入門三部曲 3

神道教超圖解

影響日本人生活的信仰根本

前言

在生活中傳承的精神信仰

當我覺得沮喪，或是感到擔憂時，就會前往神社參拜。

明明才走進神社五六分鐘，感覺好似來到遠離世俗之地。從本殿開始，順著攝社、末社參拜時，心情也逐漸平靜，讓我湧起了再次面對現實的勇氣。

經由親身體驗，我了解神社能夠給予的精神效用。

如本文描述，神道教並不像佛教或基督教一樣擁有教典。而是透過神話或儀式傳達敬神之心。

換言之，並非教理，而是體驗及感受。

雖然學校會教導佛教及基督教的相關事物，卻幾乎沒有教導神道教的事情，說不定也是基於這種理由（相信你也曾背誦過佛教或基督教傳來日本的年代，但應該沒學習過伊勢神宮的創建年代，或祇園祭的由來吧）。

因為這些事情不需特別學習，只要過著傳統日式生活，神道教的精神就會一直傳承下去。

然而僅僅這樣就可以了嗎？

曾有首和歌這麼述詠著伊勢神宮。「雖不知祭祀何神，只覺滿心感恩，不禁愴然淚下。」

我雖覺得這首和歌完美地描述出神道教的特性，但不明白御祭神為何，何談敬神之心？

神社與寺廟有何不同？舉行祭典的意義為何？參拜前需要洗手漱口的理由？又流傳著什麼樣的神話？

我相信知曉上述事物與否，定會大大影響每個人祈禱的立場。就算僅是增加了些許相關知識，也絕對能夠更接近神明。

神道教，可說是自古延傳至今的日本精神。希望本書能夠成為契機，引領讀者進入其高深奧妙的世界。

目錄

第2章 日本神明——神明們的真貌與御神德

第3章 神社之謎——隱藏在聖地的傳統智慧

第1章

神道教的不可思議

——神事、祭祀的深奧意義

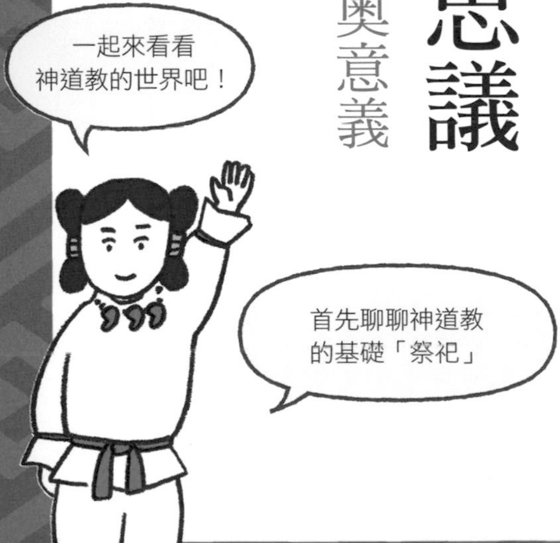
一起來看看神道教的世界吧！
首先聊聊神道教的基礎「祭祀」

1 聽說無法說明「什麼是神道教」，是真的嗎？

——無法明確定義神道教

神道教，是日本自古以來的固有信仰。

說不定大家會覺得，什麼啊，根本沒有仔細解釋吧。不過就像標題所言，真的沒有「仔細的解釋」。

比如，「古代」究竟該指何時？彌生時代？還是繩文時代？又或是從有人居住在日本列島就已經開始了呢？

而「固有」又是什麼意思呢？是指完全沒有包含外來因素嗎？但神道教中也信仰外來神祇。*

不過，就算想簡單說明神道教，包含一直在朝廷舉行的事物，在各地神社舉行的事物，還有在民間所信仰的事物等等，都有許多大相逕庭的地方。並根據時代也有很大的變化。

歷經時代而有所變化的當然不只有神道教，無論任何宗教都有各種變遷，但要解釋佛教或基督教，都比神道教來得簡單許多。

因為佛教或基督教都有開宗教祖。佛教可說是「立基於釋迦牟尼教義的宗教」，而基督教是「耶穌授予眾人教義的宗教」。

然而神道教並沒有開宗教祖，而是自然發生建立於日本各地，並隨大和朝廷發展所結合而成。其過程也包含外來因素。

唯一能肯定的是，不管在哪個時代，神道教一直都是日本人的心靈依靠。

用語解說

＊ **外來神祇：**又稱為蕃神（ばんしん）、今來神（いまきのかみ）等。神道教也納入從朝鮮、中國、越南前來的渡來人信仰的神明。如天之日矛命（參考第 56 頁）。

神道教的組合界線很模糊

南島（沖繩、
東南亞信仰）
中國、朝鮮半島
信仰
戰爭的記憶
畏懼自然現象
驚豔於
生命的奧妙
神道
對死亡的
恐懼
祖先信仰
祈禱稻作
漁作豐收
儒教、佛教
的影響
如此模糊的界線，正是代表了神道教的深厚寬容呢。

神道教自然而然地發生在日本各地，並隨時代加入外來信仰要素，而擴展了界線。

2

神道教從何時開始？

——關於古代有著許多尚未釐清的謎霧

我想不管是誰，都認為神道教是自古代傳承至今的日本人信仰吧。

不過這裡的古代，其實代表了許多時代。

有些意見認為，因為神道教是日本人信仰，所以應是從日本人居住在日本列島開始。

根據現今考古學的結果，我們知道自舊石器時代晚期*開始，就有人居住在日本列島。若照這種說法，神道教應起源於舊石器時代晚期之前。

可惜的是，舊石器時代晚期的遺跡極少。對於當時的人們究竟有著什麼樣的精神生活，無法一探究竟。但如果綜合參考國外事例，可認為是立基於恐懼死亡或追悼死者的信仰。那麼，這就是神道教的起源嗎？

若真是如此，從舊石器時代晚期起延續至繩文時代的信仰，就能視為神道教的始祖。土偶或土面具、石棒，以及過度裝飾的土器等等，這些都是繩文時代的信仰特徵。但這些與我們所認識的神道教大大不同。

我們還必須考慮發生在繩文時代與彌生時代之間的文化斷層。在彌生時代的信仰中，有許多對於五穀神靈的信仰，或將鏡子、刀劍作為祭祀道具等，這些與神道教有很多共通點。

彌生人是否繼承了繩文人的信仰，將其融入神道教中，又或是相反地放逐了繩文文化，以彌生文化創立了神道教？

後者論點曾為大成。但近年來，前者看法也相當受到矚目。

用語解說

* **舊石器時代晚期：**智人（Homo sapiens）使用精製石器或骨角器，過著狩獵採集生活。從北海道到沖繩，已確認有 5 千處以上的遺跡。

神道教的發祥歷史裡藏有許多謎題

舊石器時代晚期

～約 16,000 年前

究竟是哪種信仰型態呢？

繩文時代

西元前 14,000 年左右～
西元前 1,000 年左右

神明真的長這樣嗎？

（土偶）

彌生時代

西元 4 世紀左右～
西元 3 世紀中期左右

有著重視稻作等
共通點！

（銅鐸）

古墳時代

西元 3 世紀中期左右～
西元 7 世紀中期左頁

可看見祭神原型喔～

（埴輪）

3 聽說神道教沒有教義，是真的嗎？
——就算沒有教義，也能經由體驗傳達崇神精神

如第一節所描述，神道教並無所謂開宗教祖。因而也沒有記載教祖教義的聖典。

雖然《古事記》《日本書紀》*被視為類似聖典的文獻，但這兩本書是以史書的角度編撰，內容中並沒有記載神道教的教義。

佛教或基督教以記載教義的聖典為基礎，而創立了穩固的宗教體系。但神道教中理應為教義的部分卻是中空的，又或可說是無形的。

平安時代末期的歌人西行所述詠伊勢神宮的和歌內容為「雖不知祭祀何神，只覺滿心感恩，不禁愴然淚下」，他不清楚究竟這裡祭祀著何神，卻覺得感恩地令人落淚。

即使不懂究竟是什麼，卻依然覺得感恩的心情，對日本人而言是理所當然之事。對其他宗教的信眾，特別是一神教信徒而言，可能很難理解。

這種差異性，是神道教與其他宗教信仰最大不同之處。

並且，神道教的價值觀是透過神話或神社，以及祭典（祭儀）來傳授，藉由學習這些事務，並經由體驗而傳承。

不過神道教的價值觀，也根據地區或時代而有所變化。只是如此模糊的概念，正代表了神道教深厚寬容的一面。

用語解說

*《古事記》《日本書紀》：收錄在這兩本書中的神話，對於如何理解神道教的世界觀及價值觀，是相當重要的。

神道教的特徵就是沒有教義

祭儀
神話
就算沒有聖典，也能傳遞崇敬神明的心情！
咦～沒有聖典嗎～

神道教中沒有如釋迦牟尼或耶穌這般的開宗教祖，也沒有記錄開宗教祖教義的聖典。

4 為何必須舉行祭典呢？
——為了更新神明與人類的生命力

在第十代天皇崇神天皇時代，發生了大規模的傳染病。若繼續這樣下去，國家即將面臨滅亡。感到痛心的天皇，為得到神諭而躺上神床後，大物主神*現身其夢，如此說道。

「是我引發了這場疫情。只要找到大田田根子，並要他祭祀本尊，疫情就能受到控制，世間也能恢復太平。」

大田田根子是大物主神與一位美人之間生下的男子。天皇派遣臣子找到其人，要他進行祭拜後，如神諭所言，疫情得到了控制。

由這段故事可看出，神明希望人類祭祀。但為什麼呢？

神道教信仰著各種神祇。其中，向人們尋求祭祀的多是與人們有著密切關係的神明。像是氏神或產土神、農作物神或食物神、職業守護神、火神或水神等等。

這些神明在人類社會中有著許多功用。雖然祂們能夠為人類的生活帶來富足，但其神力也會因持續保佑人們進而衰竭。

因此為了復甦神力，會尋求人們祭供（祭祀＝祭典）剛採收的農作物或獵物。藉此重獲靈力，再次為人們帶來幸福。

人類也會因持續勞動而消耗精力。因此藉由參加祭典，獲得神明分享靈力，再次恢復充滿活力的日子。

用語解說

＊ **大物主神**：鎮座奈良縣三輪山，大神神社所祭祀的神明。擁有蛇神、水神、雷神的神格，是國家守護神。

神與人都藉由祭典更新生命力

人類生命力的循環

神道教中，有著以一天、一個月或一年為一個循環，更新生命力的思想。

ケ（ke）
在ケ（日常生活）中，會消耗生命力

→ **ケガレ**（kegare）
持續進行ケ的過程中，會失去生命力（枯萎）

→ **ハレ**（hare）
藉由進行ハレ（祭典）與神交流，補充生命力

更新生命力後，再回到日常生活

5 聽說有些祭典沒有攤販及神轎，是真的嗎？

——其實沒有攤販或神轎的祭典占了大多數

有一個落語段子《絡繹不絕》，其內容與前面的神話完全相反。

在某間稻荷神社＊前有家茶屋。這間稻荷神社曾經有非常多參拜者，但最近變得十分蕭條，連茶屋也都沒有客人上門。

即使如此，經營茶屋的老夫妻還是沒有忘記對於稻荷大神的感謝及信仰。每天早上都會打掃神社境內，點上燈火並供奉供品。

某日，大雨造成道路泥濘，路人紛紛來到茶屋裡購買草鞋。每當以為賣完時，新的草鞋又不斷出現，不管怎麼賣都賣不完。

其實那是由於老夫婦的誠心讓稻荷大神感到喜悅，而顯現了祂的靈力。

因此事傳開，稻荷神社的參拜者又逐漸增加，茶屋生意也隨之興隆。

這對老夫婦每日所做的事情，也是祭典啊。

提到所謂的祭典，很多人的腦海可能就會浮現御神轎或山車熱鬧地繞境於城鎮內，以及有許多有趣的攤販的畫面吧。但那些只是祭典的餘興項目（神轎及山車請參考下一節）。

最重要的是誠心誠意祀奉並取悅神明。以此為前提傳達祭典意念，並達成祈願。

其實神社中每天都在舉行祭典（沒有神官常駐的神社除外）。仔細整理神壇，供奉供品，並進行禮拜。

在這樣的每日例行祭典之外，為了祈求豐收也會舉行許多特別的祭典，或是舉行神轎繞境，或獻上神樂歌舞。

用語解說

＊**某間稻荷神社**：據傳為現存於東京淺草的太郎稻荷神社（台東區入谷）。

不是只有熱鬧的祭典才算祭典

かんしん
かんしん
這些才是最能讓神明開心的祭典呢。

《絡繹不絕》的老夫婦每天持續著祭典（也就是祀奉神明，進行慰靈、感謝、祈願等儀式）。

6 御神轎或山車是神明的交通工具嗎？

——神轎如字面為「神的轎子」，山車則有特別目的

所謂御神轎（神轎），是神社的御祭神要從本殿移動到其他地方時，所使用的轎子。主要以神殿風格的轎子及橋槓（轅）構成。

歷史上初次使用御神轎是西元七四九年（天平勝寶元年）時。據說是現今大分縣宇佐市的宇佐神宮御祭神，在當時為了協助東大寺建立大佛，搭乘神轎前往平城京。

如同標題所下的結論一樣，御神轎是神明的交通工具，就如字面意思為「神的轎子」。

日本的神祇不會一直待在本殿，會根據各種時機移動。

像例大祭等大型祭典時，會繞境巡視所保護的區域，也會暫住於御旅所等暫設的祭場。移動的理由依各神明（神社）有所不同，所以無法一概而論。不過神明本就不會常駐神社，自天上或山上駕臨於世接受祭祀，或許才是最大原因。

比如說，田神會依季節自山中來到村里（春季），再由村里返回山中（秋季）。

山車（壇尻、屋台）的起源據說分為兩種說法。一為天皇即位典儀之一的大嘗祭*中，坐落在大嘗宮前的標山。另一為西元八六九年（貞觀十一年）在京都神泉苑舉行的御靈會中，所豎立的六十六支鉾。

兩者皆為讓神靈寄宿的憑介，於是由此可知山車與神轎擁有相同功能。

不過山車已經逐漸演變成為祭典增添熱鬧氣氛的作用，人們在其上裝飾起美麗飾品，還會有人在上面演奏囃子樂曲。

用語解說

* **大嘗祭**：指天皇即位時最初舉行的新嘗祭（為神明獻上當年各種作物的神事）。會在宮中建造大嘗宮後舉行。

御神轎或山車上寄宿著神明

神明繞境城
鎮，也象徵
著保護地方
的意義。

7 供品只限神明的食物嗎？

——除食材外，還有布料、馬匹、武器等

趁祭典舉行時一窺拜殿，可看見裡頭擺放有許多供品（其實不一定只有拜殿裡會擺放供品）。

祭拜供品的方式因神社而異，有些地方會擺放大把大把的蘿蔔或白菜，還有米袋等。也有些地方會供奉烹煮完成的美味料理，甚至還有利用五穀雜糧或果實等食材組成的藝術品。

供神明品嘗的供品被稱為神饌，其中，已烹製完成的為熟饌，尚未烹煮的食材稱素饌。

春秋兩季在岡山市吉備津神社舉行的七十五膳据神事中，會在神壇前擺上七十五種料理。其他像京都市的上賀茂神社及下鴨神社、千葉縣香取市的香取神宮等，都會供奉花費工夫製作的精心料理。

神壇上供奉著各式各樣的農作物，其中最受重視的就是稻米。特別是當年度所採收的第一批稻米（稻穗），被稱為初穗，都會奉予神祇。

向神社捐獻金錢時所寫上的「初穗料」，意為代替初穗改以捐獻金錢。另外，利用初穗米製作的酒（日本酒）也相當受到重視。

不僅限於稻米，只要是當年度初次採收的作物，都會先供奉給神明。

不過，供奉給神明的東西並非全為食糧。在日本，供品又稱為幣帛。漢字的幣或帛皆指布料，因此可得知，布料曾是非常重要的供品。其他如活馬＊、武器、美術工藝品或土地等，都曾被用來獻神。

用語解說

＊ **供奉馬匹：**在祈雨或希望停雨的儀式時，大多會奉獻馬隻。

供壇上擺滿神明喜愛的東西

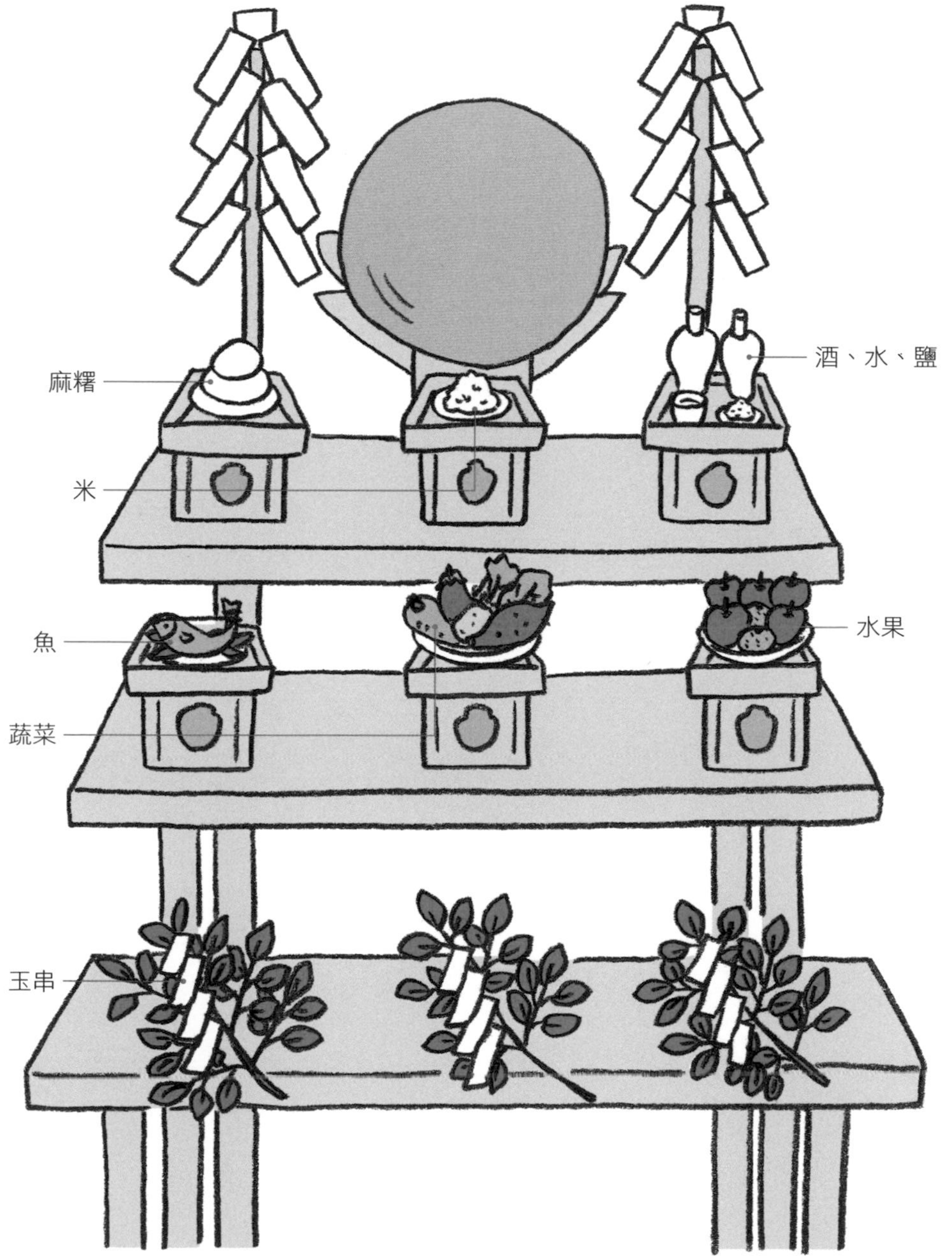

神職人員會依照規則供奉供品！ 各神社有不同的供奉方式

8 既沒有玉又沒有串枝的玉串，究竟是什麼？——源起於神話的象徵性供品

曾進行過正式參拜*的人一定清楚，在拜殿進行參拜時，會向神明獻上所謂的玉串。

但在玉串上，沒有翠玉也沒有串枝，為何稱為玉串呢？

首先，讓我們看看玉串的外型吧。

玉串是利用紅淡比樹枝裝飾上木綿（以楮木樹皮製成的布料，或是麻線），或剪裁成一段段的白紙（稱為紙垂）所製作的物品。

關於玉串起源，可追溯到天照大御神躲進天岩戶（可參考第66頁）而造成世間闇黑的故事。

深受困擾的眾神在天岩戶前舉行祭典，成功誘出天照大御神。據說當時所使用綁有楮布線的紅淡比樹枝，就是玉串的原型。

之所以被稱為玉串，一說是的確曾裝飾過翠玉，一說是從手向（たむけ）串的訛音而來。

當神職人員為參拜者除厄時，也會手持相似物品，那是御幣，又稱大麻。御幣是在木棒或竹棒上夾有紙垂，大麻是裝飾有紙垂或麻線的六角形或八角形木棒。

這些其實原本都是供品。御幣起源自向神明供奉布料時，會將布料夾進串枝後擺放。後來逐漸改以紙張替代，使用於祛邪除厄。

因為無法一次將所有供品擺上神壇，於是讓神職人員代為禱念祝詞，供奉者再奉獻玉串，以此作為象徵。

用語解說

＊ **正式參拜：**進入拜殿後，由神職人員代念祝詞的參拜方式。原則上需穿著正式服裝參加。僅在拜殿前方參拜的方式稱為略式參拜。

神道教中經常使用的祭祀道具

玉串
麻繩
紅淡比樹枝
紙垂

串玉是象徵性的
供奉物。

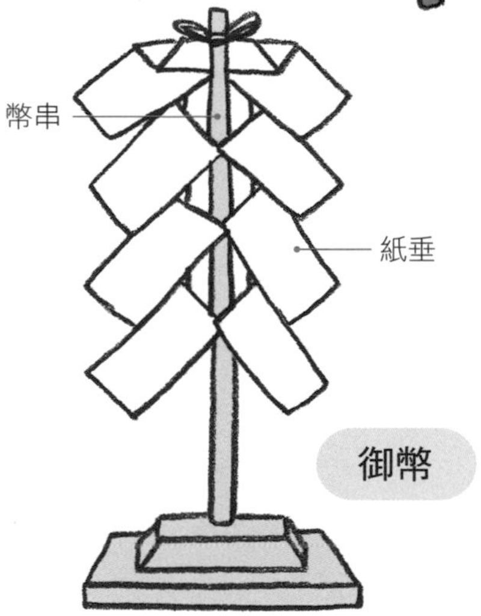
幣串
紙垂
御幣

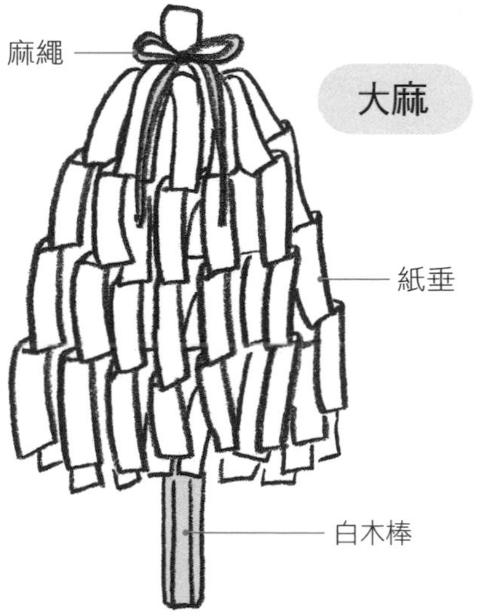
麻繩
大麻
紙垂
白木棒

玉串是供品，大麻是祛邪道具。
御幣則大多作為讓神明憑附的
道具，或裝飾品，祛邪道具等。

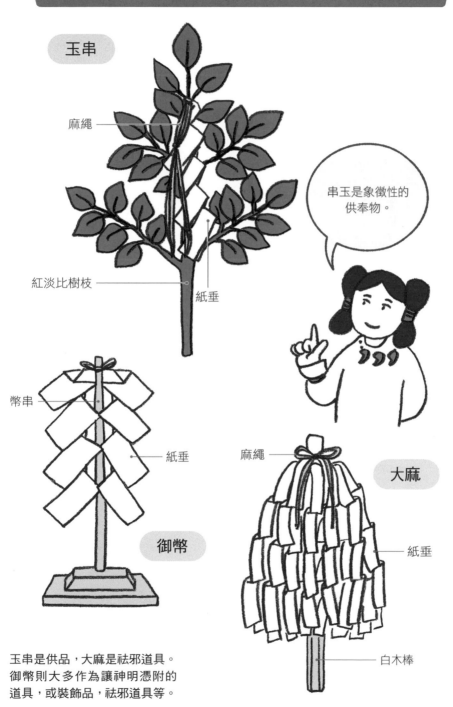

9 為什麼很多祭禮都與孩童相關？——因為過去孩童死亡率極高

日本人一生中，每隔一段時間就會舉行的祭禮，稱為人生儀禮。

雖依照地區或時代有不同變化，但主要可分為慶祝誕生、御七夜、初宮參拜，然後是初節句、七五三、十三參拜、成人式、結婚式、安產祈願、育子祈願、還曆、祝壽（喜壽、傘壽、半壽、卒壽、白壽、上壽等）。

照這樣看來，祭禮似乎集中在孩童時期與老年時期。

直到近代，日本人的平均壽命還很短，能活過還曆（虛歲六十歲）的人十分稀少。因此長壽是相當可喜可賀的事情。

那為何孩童時期也有很多祭禮呢？七五三是在三歲、五歲、七歲舉行的祭禮，若計算為三次，一直到十三參拜為止，總共會舉行十次祭禮*。

之所以孩童時期會有這麼多祭禮，其實反映出過去孩童死亡率很高的事實。因此，為了讓好不容易生下的孩子能夠無病平安成長，會固定前往參拜。

日本有這麼一句話：「七歲以前都是神明的小孩」，這是警告孩童在七歲前，由於靈魂尚未與肉體深深結合，只要稍有不測就會回到神明的世界（過世）。

相反地，說不定正因幼童距離神祇是如此接近的存在，因此在祭典上能夠經常看見由男女童組成的稚兒隊伍，可能也是基於這樣的理由。

另外，雖然初宮參拜是感謝神明保庇平安順產，據說也有向氏神介紹新生氏子的涵義。

用語解說

＊ **十次祭禮：**除七五三與十三參拜，慶祝誕生、取名、御七夜、初宮參拜，然後是初食及初節句（可參考左頁）。

慶賀生產育兒的活動接踵而來

慶祝誕生

感謝神明保佑平安生下新生兒，會烹煮紅豆飯等供奉。

取名

幫新生兒取名。在奉書紙或半紙（兩者皆為和紙）上寫下姓名，供奉在神棚或裝飾在壁龕。

七夜祝賀

誕生後的第七晚，親友鄰居會齊聚一堂，慶賀產婦結束禁忌期。大多也會在這天為新生兒取名。

初宮參拜

出生約 30 天後，會帶滿月的新生兒前往參拜氏神或帶到菩提寺，向神明報告幼兒成為了當地區域的新成員。

初食宴

誕生百日後，會讓新生兒第一次品嘗食物。通常會準備三菜一湯的慶賀料理讓小孩做出吃的樣子。

初節

新生兒首次迎接的節日，會贈送盔甲或雛人偶等吉祥物。

七五三

男孩在 3 及 5 歲，女孩在 3 及 7 歲的 11 月時，會穿上慶賀服飾參拜氏神，祈求平安成長。

十三參拜

多指 13 歲的女孩，必須前往祭祀虛空藏菩薩的寺廟參拜。但有些地區是男女孩都會前往。是連大人都會陪同的祭禮。

若以男女孩各有兩次的七五三，再包含十三參拜的話，孩童時期會舉行的產育祭禮共為 9 次。

10

話說回來，日本神話是誰寫的？

——是經過悠久歷史與人們無數的口耳相傳所創造

《古事記》與《日本書紀》所記載的內容，是將古老的日本神話整理編撰而成。

根據《古事記》序文內容記載，受天武天皇之命，太安萬侶將稗田阿禮筆記後的神話歷史重新編寫，於西元七一二年（和銅五年）獻貢給元明天皇。

另一方面，《日本書紀》則是舍人親王於西元七二〇年（養老四年）獻貢給元正天皇的書籍。

那麼是稗田阿禮或太安萬侶、舍人親王等人，編寫出《古事記》與《日本書紀》裡的神話嗎？

不，不是的。雖然將這些神話編撰成書籍時，多少需要修正。但這並非是他們的創作。他們只是將當時傳承的神話蒐集統整[*]起來。

那麼，究竟是什麼人在什麼時候，創造了日本神話呢？

可惜的是，不得不說這些都無從得知。因為神話是經過悠久歷史與人們的無數口耳相傳而漸漸形成的。

比如，關於《古事記》與《日本書紀》中，名為邇邇藝命或日子穗穗手見命等天皇家的祖先神，被認為是天皇家自古傳承的故事。

但神話中還有因海參嘴型裂開等理由，或以一尋鰐（鯊魚）而取名為「佐比持神」等故事，被認為是流傳在漁民之間的神話。

其他還有結合了起源自地名的神、司管自然現象的神、讓五穀結實的神明等等。這些來自於各種場所或人們之間的神明，成就了《古事記》與《日本書紀》中的神話。

用語解說

＊**將神話蒐集統整**：《古事記》與《日本書紀》是作為史書所編撰。神話只是內容開頭的一部分。

《古事記》與《日本書紀》的神話成立

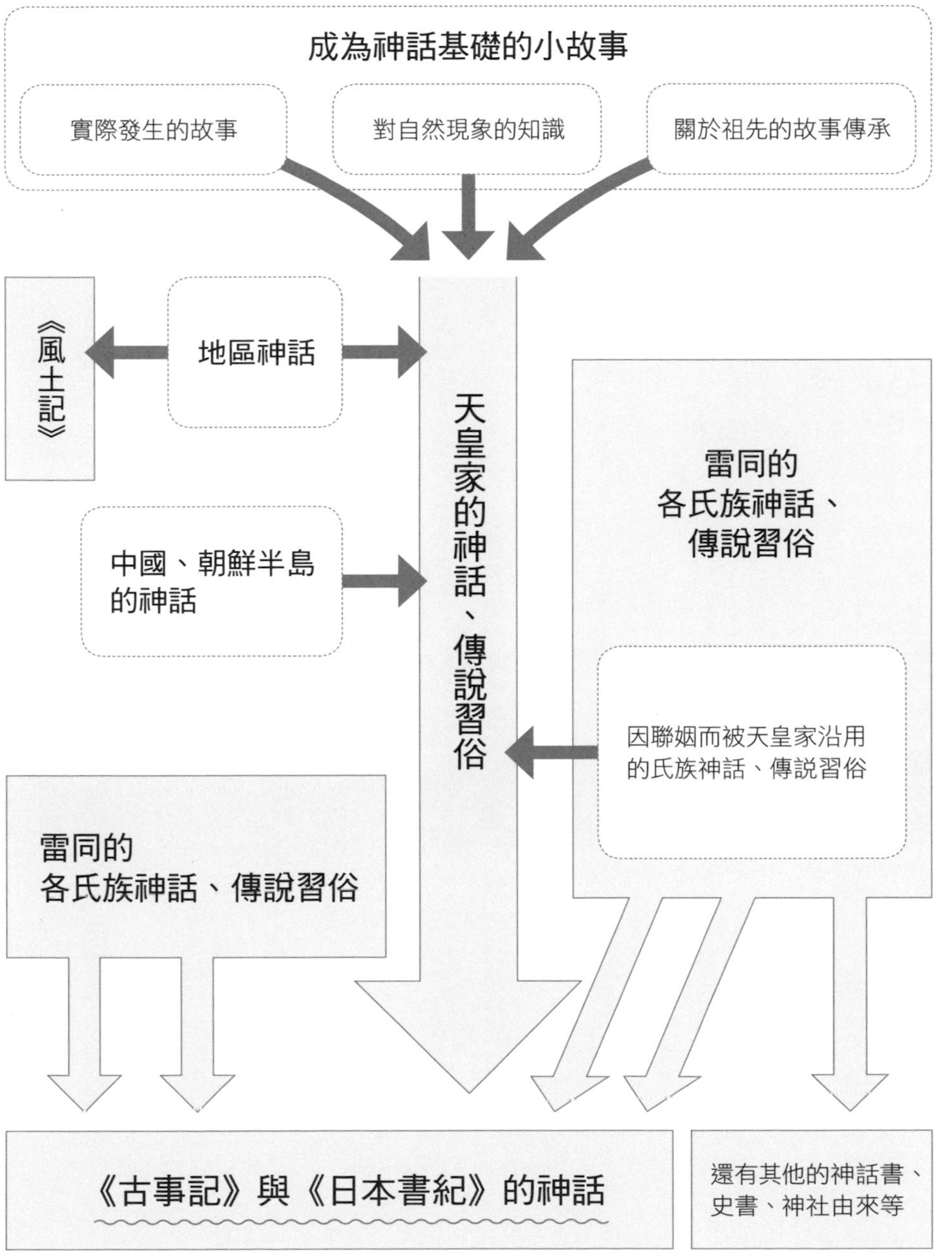
成為神話基礎的小故事
實際發生的故事
對自然現象的知識
關於祖先的故事傳承
《風土記》
地區神話
天皇家的神話、傳說習俗
雷同的
各氏族神話、
傳說習俗
中國、朝鮮半島
的神話
因聯姻而被天皇家沿用
的氏族神話、傳說習俗
雷同的
各氏族神話、傳說習俗
《古事記》與《日本書紀》的神話
還有其他的神話書、
史書、神社由來等

11 為什麼在不同文獻中，神話內容有所差異？

——因為《古事記》《日本書紀》《風土記》等書的編撰目的各不相同

大國主神是現今依然有許多神社祭祀的神明，在古代也相當受到歡迎。關於祂的神話，被收錄在《古事記》《日本書紀》《出雲國風土記》《播磨國風土記》等書中。

但明明講述著同一神明，傳承在各書籍中的內容卻大大不同。

舉個例子。知名的「因幡白兔」故事只收錄在《古事記》中。而《出雲國風土記》裡，大國主神名為「所造天下大神」（開發大地的大神），能讓人深深感受到祂作為大地之王的風範。但在《播磨國風土記》中，祂卻因為毅力不如同伴小比古尼命*，而被描寫為滑稽人物。

為何會產生這般差異呢？

在解釋之前，先簡單說明什麼是《風土記》。

《風土記》是基於西元七一三年（和銅六年）的詔令，向朝廷報告流傳在各地的地理、作物、地名由來的神話書籍。我們可知當時日本朝廷為統治各地，究竟需要什麼樣的情報。

那麼，回到大國主神的神話話題。因為大國主神神話同時被收錄在出雲國與播磨國的《風土記》中，可得知這兩個地區都流傳著關於祂的傳說。兩本《風土記》中的神話差異，也可視為兩地信仰的不同。

另一方面，在大和朝廷的史書（《古事記》及《日本書紀》）中，也收錄著大國主神神話。那是因為對於當時的大和朝廷而言，出雲曾是最大的敵人。而為了歌頌征服並支配出雲強敵的皇祖神（皇室祖先神），便收錄了顯示其神威的神話。

用語解說

＊ **小比古尼命**：如一寸法師般的嬌小神明，又被稱為須久奈比古命。《古事記》中名為少名毘古那神，《日本書紀》中名為少彥名命。

不同書籍中，描寫大國主神的方式有所不同

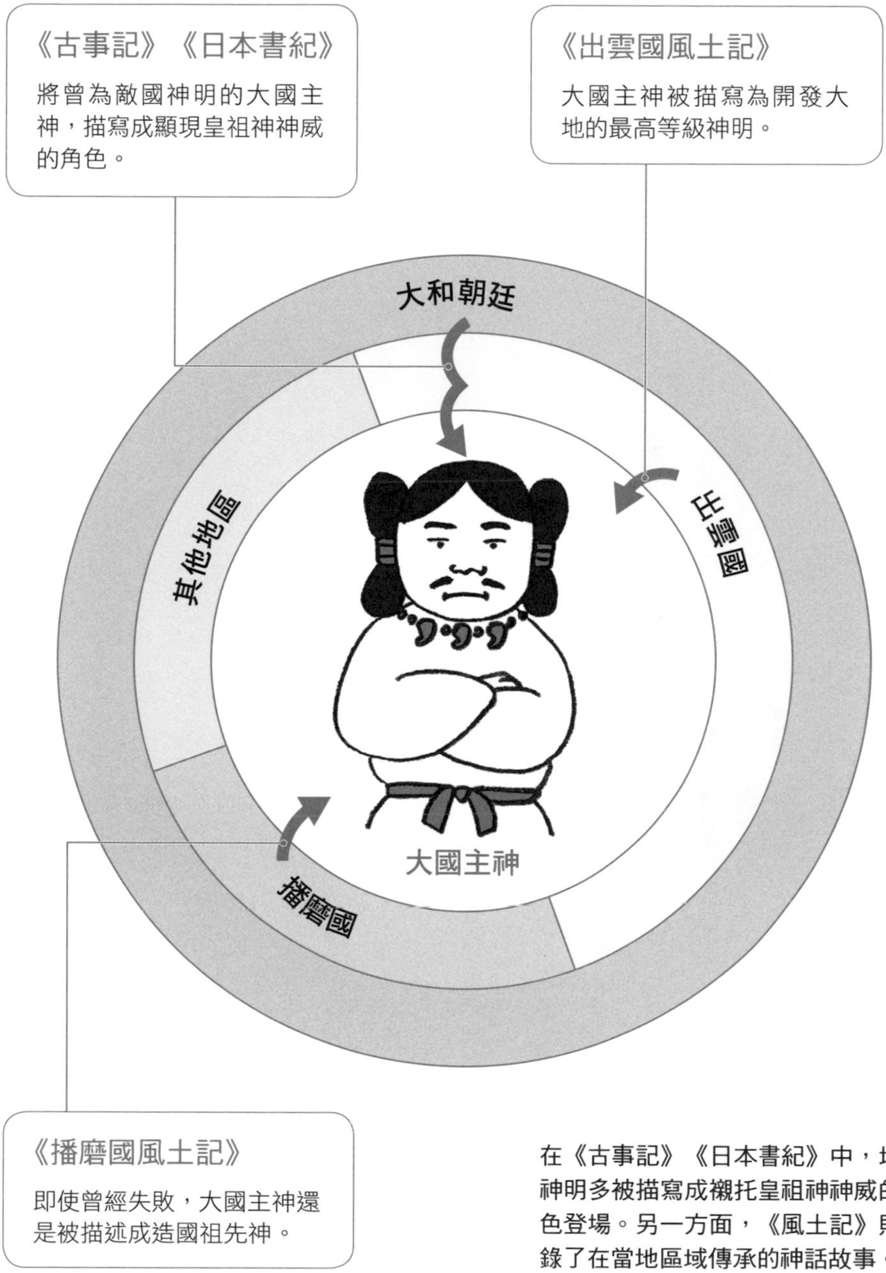

《古事記》《日本書紀》
將曾為敵國神明的大國主神，描寫成顯現皇祖神神威的角色。
《出雲國風土記》
大國主神被描寫為開發大地的最高等級神明。
大和朝廷
其他地區
出雲國
播磨國
大國主神
《播磨國風土記》
即使曾經失敗，大國主神還是被描述成造國祖先神。

在《古事記》《日本書紀》中，地方神明多被描寫成襯托皇祖神神威的角色登場。另一方面，《風土記》則記錄了在當地區域傳承的神話故事。

12

祝詞與佛經是類似的東西嗎？

——祝詞是與神明的對話

這是不久前發生的事。在咖啡店裡，我聽見鄰座一群女子的對話。她們似乎才剛參拜完神社，並有了以下對話。

「能夠聽到神官念經真是太好了呢！」

雖然很想跟她們說：「不不不，那不是經文，而是祝詞吧。」但可能會被誤認為怪人，我還是忍住了。

其實我也不是不明白她們的心境。說不定她們只是忘記了祝詞一詞，而不經意地說成經文。畢竟兩者的共通點都是向參拜對象詠唱的咒文。

然而，祝詞與佛經的內容與目的完全不同。

首先，佛經據傳記錄著釋迦牟尼的言語。雖然以歷史角度而言，也收錄了其他內容。但佛經主要重視的是佛教教義。

念唱佛經的原本涵義為習經念唱，但逐漸地演變成念經可累積功德。

相對地，祝詞是神明對人們的諭戒，又或是人們對神明上奏的語言。來自神明的被稱為宣下體（宣命體）祝詞，而傳達人們對神明感謝或祈願之意的稱作奏上體祝詞。現今神社念訟的大多都是奏上體祝詞*。

之所以難以理解祝詞內容的原因，是由於其目的主要是向神明詠唱，而不是為了讓參拜者傾聽。就這點而言，與佛經是大大不同。

用語解說

* **奏上體祝詞：**宣下體與奏上體祝詞的差異，從祝詞文末的遣詞用句就能得知。以「…宣道」結束的為宣下體，以「…申言」結束的為奏上體。

以祝詞為媒介，連結起神明與人們

祝詞（のりと）中的「のり」意為「宣示（敘說重要事物）」，同時也與「祈禱（いのり）」中的「のり」共通。據說也可表示為神靈「乘坐（憑附）」在人身上的狀態。

祝詞

特徵　來自神明的告示，或是上奏神明。主要是為了與神明對話而詠唱。

佛經

特徵　為來自釋迦牟尼或佛祖的教義。主要是為了學習或累積功德而朗讀。

13 據說神明會憑附在言語中，是怎麼一回事？
——言語招福或引災的信仰

日本自古相信言詞中寄宿著靈性（神靈），若不慎使用，恐會引來災厄。言詞寄宿靈性，稱為「言靈」。

並不只有日本才相信言語具有靈力，世界各地都有類似的信仰。諸如咒語種種，都是基於言語靈力信仰而形成。

只是日本還會與和歌等結合，形成獨自的文化。

舉例而言，小野小町在乾旱時曾詠唱和歌祈求降雨。因日本人相信和歌也具有不輸佛教真言、陀羅尼*咒語的靈力。

其實至今言靈信仰依然存在。結婚典禮上會避免使用「分別」「切斷」等言詞。葬禮也忌諱「重複」「重回」「持續」等字眼。這都是想避免言靈作用導致婚姻破裂，或使不幸持續。

考生也討厭「滑倒」「摔落」等字詞，這些都是人們在不知不覺中，承續言靈信仰的證據。

言靈不只會招來厄運，也能帶來好運。不小心失敗或說出忌諱字眼時，只要改說些好話，就能減輕被害程度，招來福氣。日文稱為「改宜（のり直し）」。

在重要人士的生日上，說些稍微誇張的賀語，也是種稱為壽詞或祝言的咒術行為。利用「好話」的言靈作用，祈求延年益命，帶來幸運。

用語解說

＊ **真言、陀羅尼**：是密宗中所使用的咒語。由於其文具有靈力，沒有被翻譯成中文或日文，直接以梵文念唱。

神道教中，「直言不諱」被視為禁忌

這傢伙不是神，而是神明的使者。暫且先放過牠，回程時再殺了。
伊吹山上，倭建命對化身為山豬的神明直言說是「神明的使者」，因而遭受神明詛咒而失去性命。
神明
自以為是，但根本說錯了。讓你嘗嘗苦頭。
就算覺得自己沒錯也不該輕易出口。

14 神樂為什麼寫作「神樂」？
——因為是能讓神明快樂的藝能演出

一聽到「神樂」，你會聯想到什麼？是在拜殿裡手握鈴鐺舞蹈的巫女姿態？還是在神樂殿裡，上演斬殺八岐大蛇的歌舞劇呢？

根據《古事記》《日本書紀》記載，神樂起源自天照大御神隱身於天岩戶時，為引誘天照大御神踏出洞穴，天宇受賣命＊在天岩戶前舞蹈的故事。

注意到眾神隨天宇受賣命的舞蹈歡笑時，天照大御神這麼說道。

「天地明明都因我躲起而只剩一片黑漆，為何天宇受賣命在遊樂，而眾神竟還跟著歡笑？」

或許大家認為「遊樂」一詞是孩童間的遊戲，但原意指在祭場招喚神靈所演奏的歌舞樂曲。

換句話說，神樂是讓神明快樂的藝能演出。為了讓神明能夠傾聽五穀豐收等願望，首先必須取悅神明，這就是神樂的目的。

當然，不僅僅是取悅神明而已。被視為是天宇受賣命後代的猿女君，在宮中鎮魂祭上，為讓天皇靈魂留在肉體內，並為其增強活力，會獻上舞蹈。祭典中的神樂也被認為能夠增強神明靈威，並具有增添活力的涵義。

因此，神樂是向著本殿進行表演。雖然現在巫女也是朝著本殿舞蹈，但隨時代變遷，以參拜者為對象的表演要素逐漸增加，有時也會在神域外的地方舉行。部分地區的舞獅或曲藝等，也是以神樂為起源。

用語解說

＊ **天宇受賣命**：由於在天岩戶前舞蹈，天宇受賣命被視為藝能守護神，祭祀在京都的藝能神社（車折神社境內社）等地。

只要獻上神樂，就能讓神明現身

• **神樂的種類**　神樂大致可分成宮中舉行的御神樂，及民間舉行的里神樂兩類。

神樂
- 御神樂　傳承於宮中的歌舞，與祭祀有深切關聯
- 里神樂
  - 巫女神樂（巫女舞）　神社巫女一邊手持鈴鐺、竹葉、扇子、紅淡比等物，一邊舞蹈
  - 採物神樂（出雲流神樂）　手持劍隻等採物（神事道具）的舞蹈，或以神話為題材的歌舞劇
  - 湯立神樂（伊勢流神樂）　以紅淡比樹枝揮舞湯鍋中的熱水，是包含了淨化儀禮的神樂
  - 獅子神樂（太神樂等）　以獅子頭舉行驅魔儀式

15 為什麼參拜前要先洗手？——除去身心污穢後，走向神明

前往神社參拜時，會先在手水舍清潔雙手與嘴口（方法請參考左頁）。

為何需先行淨化？是因為日本神明討厭污穢。神社代表著神明的住處、宮殿，為了讓神明允許自己進入其神域，不僅需更換衣物，還要先去除身心污穢。

過去在參拜前須先浸泡於海洋或河川中，進行祓禊（淨化身心）儀式，才是正式的作法。

在《古事記》《日本書紀》神話中，初次進行祓禊儀式的是伊邪那岐命命（參考第64頁）。

一直無法忘懷因生產火神*導致燒傷致死的妻子伊邪那美命命，伊邪那岐命命決定前往死者的世界——黃泉之國接回妻子。

不料伊邪那美命命已成彼世住民。看見她真實樣貌後的伊邪那岐命命，奮力逃回地界。

為了去除在黃泉之國沾染一身的污穢，他在海裡舉行祓禊。

仿效伊邪那岐命故事形成的神事，逐漸演變成在參拜神社前，需先進行祓禊儀式。

然而每次參拜都要裸身淨化並非易事，因此，以清潔雙手與嘴口來代替淨身儀式的手水作法逐漸普及。

你可能想說「不，我一點都不髒啊」，但人類在日常生活中會累積各式各樣的罪污。這些點點滴滴或許都是小事，但污穢還是污穢，接近神明前，須先行淨化。

用語解說

＊ **火神**：此指迦具土神。被視為防火之神，祭祀在秋葉神社等地。

手水的作法 —— 記住清潔雙手與嘴口的方式

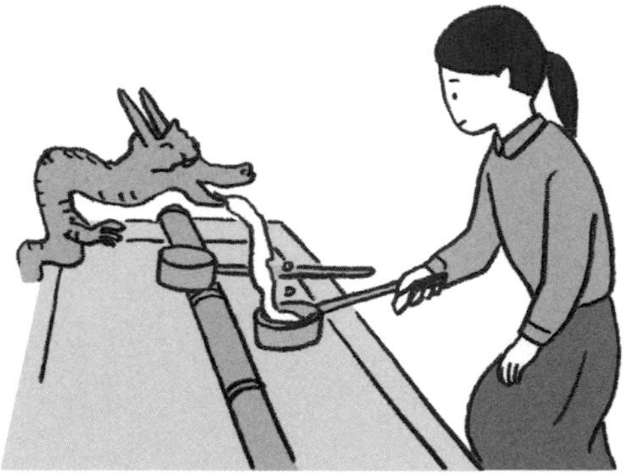

① 右手握住杓柄汲水。此時汲起的這杯水將一直使用到步驟⑤。

② 將水淋在左手。然後換以左手握住杓柄，向右手澆淋。

③ 再次換以右手握住杓柄，以左手接住一口份的水量。

④ 用那口水漱口，然後向左手澆水。

⑤ 立起並用剩餘的水清洗杓柄。再以覆蓋的方式將杓子放回原位。

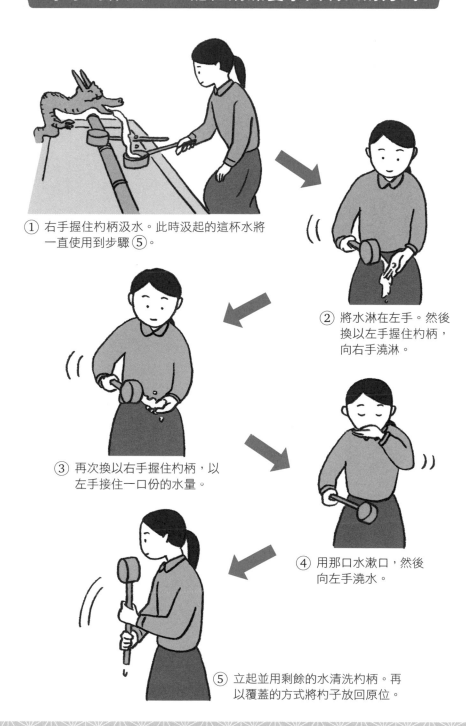

16 神符並不僅是「寫有字的紙片」的理由？

——因為上面寄宿著御祭神神靈

雖然將神符說成「寫有字的紙片」*也不會怎麼樣，但為了讓讀者能清楚明白神符或御守的意義，所以我才故意這麼寫。

但若只是將其當成一張紙，就顯得有些魯莽。

經常聽說有人在神社得到神符後，卻因不知該如何處理，只好收進抽屜。

如果你也是這樣的人，那麼請立刻改進吧。正確祭祀神符的方式，將會在下一節仔細講解，請各位參考。

本節先說明為何必須謹慎重視神符的理由。

神符正式名稱為神札（しんさつ），上面寄宿著神社御祭神的神靈。而御守則是將神符簡化，好隨身攜帶的物品。

不過，神靈寄宿在神符中又是怎麼回事呢？

大家應該都曾注意過，很多神社有著如〇〇八幡宮或〇〇稻荷神社等相似的名稱。那是因為他們都祭祀著同一間神社的分靈。而祭祀其御祭神最根源的神社，稱為（總）本宮、（總）本社。

所謂的分靈不是複製，而是與祭祀在本宮的同一位神祇。像這樣，在不同神社祭祀著相同的神明，也是神道教的特徵之一。

同樣地，神符中寄宿著御祭神（不過，並不如分社般是完全全的分靈）。因為神符等於神明分身，所以必須謹慎小心對待。

用語解說

＊ **寫有字的紙片**：大多神符上，除了寫有神社名稱或御祭神名號外，還會蓋有神社社印（御神璽）（參考左頁）。

被視為神祇分靈被祭祀的「神符」

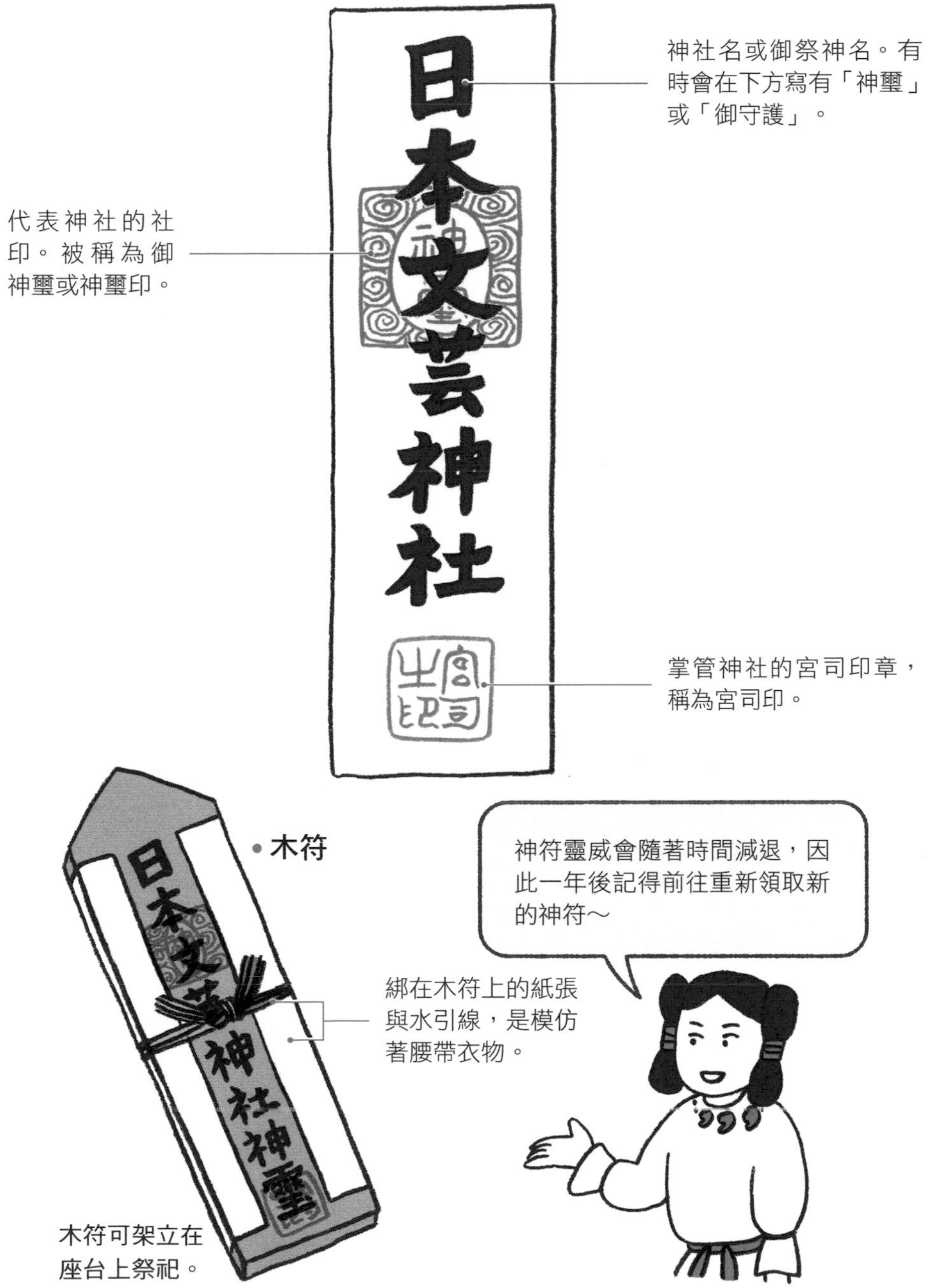
日本文芸神社
神社名或御祭神名。有時會在下方寫有「神璽」或「御守護」。
代表神社的社印。被稱為御神璽或神璽印。
掌管神社的宮司印章，稱為宮司印。
●木符
日本文芸神社神璽
神符靈威會隨著時間減退，因此一年後記得前往重新領取新的神符～
綁在木符上的紙張與水引線，是模仿著腰帶衣物。
木符可架立在座台上祭祀。

17 沒有神棚的家庭，該在哪裡祭祀神符？

——放在比視線高的櫃子上祭祀

如前節所提，神札（神符）寄宿著神社御祭神的神靈。可視為家庭用的御神體，所以應該被祭祀在社殿中。

即使如此，並不是得要像過去的舊式民房般，在院子裡建造邸內社。一般日本家庭，就算是公寓，也有便利的家用社殿，也就是神棚。

正確來說，神棚是安置社殿的場所，而設置在此的家用社殿，稱為宮形。

神棚（宮形）有各式各樣的型態與大小。基本上分為三社造（參考左頁）和一社造。

三社及一社的差別，主要在於祀奉神符的地方為三處還是一處。就像是有些神社僅有一處本殿安奉御神體，也有些神社本殿為數處並列。

若是三社造，則正中央安祀伊勢神宮神符（神宮大麻*），右方安祀自己的氏神神社神符，左邊安祀著自己所崇敬的神社神符。如果自己同時崇敬多處神社，可重疊擺放。

另一方面，由於一社造只有一處拜放神符的空間，就以神宮大麻、氏神神社神符、崇敬神社神符的順序重疊安置。

當家中無法安置神棚時該怎麼辦？如果是這種情況，就放在比視線高的櫃子上祭祀就好。

首先，將祭祀場所打掃乾淨後鋪上白紙，接著將神符擺放於上。此時，讓神符朝南或東方，再供奉上米、鹽、水即可。

用語解說

* **神宮大麻：**是伊勢神宮祭祀的天照大御神神符。只有神宮大麻可在全日本神社中拜領（並不一定是所有的神社）。

根據神符種類，祭祀場所與方式各有不同

- 神符

祭祀在神棚神殿中。三社造的話，將三種神符如下圖安置。然後最好將神棚朝南或朝東安置。

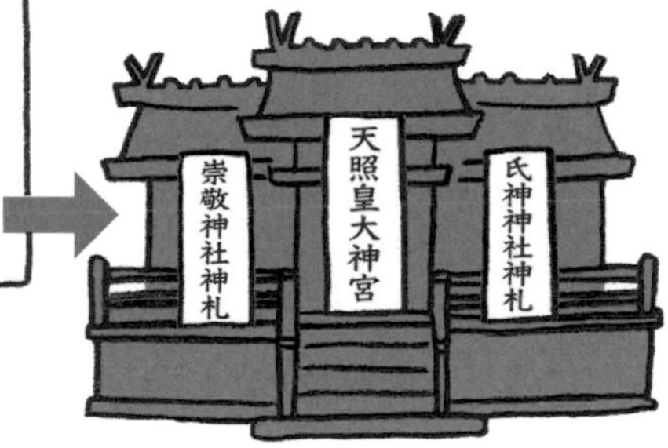

並非所有種類的神符都要祭祀在神棚中。也有像火伏符這種要貼在特定場所的神符。

- 火伏符

張貼在會用火的廚房。

- 除盜難符

張貼在玄關。

COLUMN 01

運氣提升？神社的正確參拜方式

經常可在雜誌或網路文章裡，看見描述前往何處神社參拜就能使運氣提升的內容。

不過，都特地前往神社參拜了，要是弄得御祭神不開心，反會弄巧成拙。所以以正確方式進行參拜是很重要的事情。

前往神社參拜時，首先一定要知道，神社是神明宮殿，也就是神明的王宮。

在王宮裡做出無禮舉動肯定會被斥責，在神社也是一樣的。所以務必記住社殿中的神明正看著自己，要謹言慎行。

一到神社境內，首先要利用手水淨身（參考第38頁）。於是參拜時別忘記攜帶手帕。

走在參道上要避免走在路中央，因為參道是神明的通路。在拜殿參拜時，也記得盡量不要站在正中央。

另外，來到神社境內記得脫帽。如果天氣太冷，人在參道時還戴著是沒有關係的。但到達拜殿參拜或進入拜殿時，一定要連同墨鏡將帽子摘下。

在拜殿前的參拜為「二拜二拍手一拜」。若是進入拜殿進行正式參拜時，則會要奉上玉串。

二拜
二拍手
一拜

① 深深低頭鞠躬約 90 度兩次。

② 拍手時，右手稍稍放低，連拍兩次。

③ 最後再深深地低頭鞠躬一次。

第2章

日本神明

——神明們的真貌與御神德

18 日本神明與基督教神明有何不同？——神道教神明不是創物主

神社中祭祀的日本神祇，或在教會接受禮拜的基督教神明，共通點是都被稱呼為「神」。所以，兩者特質也相近嗎？

其實完全不同。如果可以的話，我也很想更改稱呼方式好作區分。不過日文裡並沒有用來指稱基督教神明的專門用語，所以接下來就皆稱其為「神明」。

簡單來說，神道教與基督教的區別就是一者為多神教，一者為一神教*。不過，這僅指神明數量的差異。

基督教神明為世界萬物的創造主。在基督教教義中，除了神明外，其他存在被認為都是神明造物。就連時間或空間，也是神明所建。

神道教雖有八百萬神，但其中並沒有創物神。伊邪那岐命與伊邪那美命誕生出日本國土以及許多神明，被視為眾神的親神。但並非全部的神明皆由祂們所生。在伊邪那岐命和伊邪那美命出現前，已經存在許多神祇。其中，最初出現的神明也沒有創造天地。

那麼佛教神祇呢？佛教神祇也有許多種類，可說跟神道教一樣是多神教吧。

不，也不能這麼評論，因為佛不是神。佛（佛陀、如來）是悟道的人類。只要悟得真理，皆能成佛。只是佛經已說，悟道非易事。

用語解說

＊ **一神教**：猶太教及伊斯蘭教也是一神教，其神明思想大致同於基督教。

日本有「八百萬神」

「八百萬」意為眾多。不只數量很多，種類也不少。有山、河、海等自然神祇，也有產國神、開發神等，萬物皆有掌管的神明。

19

八百萬神中最偉大的是誰？

——是天照大御神，但也有與其同樣偉大的神明

因須佐之男命命目中無人的舉動，讓天照大御神被氣到躲進天岩戶*而造成天地無光時（參考第66頁），眾神為引出天照大御神，在天岩戶前舉行祭典。注意到外頭紛嚷的天照大御神，稍稍打開了岩戶，詢問道：「你們在吵些什麼？」

於是天宇受賣命回答：「有位比您還尊貴的神明來臨，所以我們才開心地舉行祭典。」

那當然是為了誘出天照大御神的謊言。日本神話記載，當天照大御神心想「怎麼會有這種事」而探出身時，祂便被拉了出來。

還有，為了讓祂成為眾神集會的領袖，天皇祖先神邇邇藝命被派遣到地表等故事，可知天照大御神為日本神明中地位最高的神祇。

但在細讀《古事記》《日本書紀》後，會發現還有一位地位也很崇高。就是被稱為高木神或高御產巢日神的神明。

舉個例子。當眾神討論該派遣誰到地界，要大國主神讓出地界統治權時，日本神話中敘述「高御產巢日神與天照大御神詢問許多神明」。另外在《日本書紀》中，派遣邇邇藝命的並非天照大御神，而是高御產巢日神。

這麼看來，天照大御神雖是神道教最高神明，卻似乎不是唯一的統治者。

用語解說

＊ **天岩戶**：在天界「高天原」中，有著如岩洞般堅固的石戶。

神道教裡有許多最高神祇的候補者

天照大御神之所以會統治天上界（高天原），是受父神伊邪那岐命之命。伊邪那岐命也是受在祂之前出現的神明下令，才開始產國。另一方面，大國主神在出雲地區被視為最高等級神明。

我們或前代也很偉大啊……

而且我們
還是父母呢
伊邪那岐命、伊邪那美命
但我也很偉大啊……
天照大御神
太耀眼了
高御
產巢日神
象徵太陽神的
我是統治高天
原之神～
天照
大御神
大國主神
在日本國統一前，各區域
都曾有其最高神明呢～
創國的我也不輸你們！

20

氏神是當地人的祖先嗎？

——原本雖指祖先神，不過之後逐漸改變

很多神社都有所謂的氏子區域。住在這些區域的人，就是該間神社（御祭神）的氏子。當地居民*信仰其神社（御祭神）為氏神。

換句話說，氏神與氏子間有著深厚的地緣關係。搬進該地區域後，會成為新的氏子，搬出後，再成為新地區的氏子。

不過，氏神原義並非如此。如字面意思般，起初是守護氏族的神明。

比如，過去負責宮中祭祀的中臣氏（後為藤原氏）或忌部氏，分別將天兒屋根命、布刀玉命作為氏神祭拜。

另外，物部氏則是宇摩志麻遲命、賀茂氏則將賀茂建角身命視為祖先神，也將祭祀這些神明的神社，視為氏神神社而信仰崇敬。

據說氏神的性質變化，和平城京等都市形成相關。因貴族或官僚們居住在都市中心部，與自身故鄉的氏神神社之間的關係愈顯淡薄。

到平安時代後期，武士階級抬頭也讓氏神性質產生巨大變化。

貴族們把莊園警備工作交付予武士，武士們於是將祭祀在莊園內的鎮守社（祭祀莊園守護神的神社）視為氏神崇拜。諸如此般，守護地方的產土神與氏神信仰結合，成為現今氏神信仰。

用語解說

＊**當地居民**：關於自身居住區域的氏神神社，只要詢問各都道府縣的神社廳即可。

「氏神」一詞具有三種涵義

1 身為祖先神的氏神

自古以來，各地豪族氏族一直將保護該氏族的守護神，稱為氏神。氏神原本的意義為祖先神

例
天兒屋根命 ── 中臣（藤原）氏
布刀玉命 ── 忌部（齋部）氏
宇摩志麻遲命 ── 物部氏
賀茂建角身命 ── 賀茂氏
大物主命 ── 大神氏、三輪氏
天宇受賣命 ── 猿女氏

2 象徵性氏神

武士與家臣因崇敬相同神明而團結。其中以源氏的八幡信仰特別著名，在各地據點迎請成立八幡神社作為氏神。

例
八幡大神 ── 源氏
嚴島明神 ── 平家

3 地區性氏神

各地區莊園守護神是類似①及②的氏神信仰。周遭地區的居民為「氏子」。守護出生地區域的神明原稱作產土神，後來混合成為類似氏神信仰的型態。

21

聽說有很多山神及海神是真的嗎？

——神話裡有各種山海神登場

人們大多關注須佐之男命或大國主神等如英雄般活躍於日本神話中的神明。但若仔細深讀，會知道還有其他五花八門、擔起不同責任的神明登場。這當中有許多神明具備了相似的性質，著實令人感到驚奇。

像名為大山津見神的山神偶爾會作為配角登場。其中最知名的，就是祂曾以邇邇藝命的妃子木花之佐久夜毘賣命的父親登場。同時祂也是須佐之男命斬殺八岐大蛇後，所拯救的櫛名田比賣命的祖父神。

不過，在日本神話中登場的山神不只有大山津見神。像大山咋神就是鎮座（即坐鎮之意）比叡山及京都嵐山松尾大社的山神。

另外，伊邪那美命因誕生火神迦具土神時被燒傷致死，在伊邪那岐命斬殺迦具土神後，從祂的屍體又誕生了正鹿山津見神、淤縢山津見神、奧山津見神、闇山津見神、志藝山津見神、羽山津見神、原山津見神、戶山津見神等，共八位山神。

海神除了綿津見神外，知名的還有守護航海安全的住吉神*、宗像神（會在第86頁解說）。兩者的共通點是皆由三位神明成為一種神格。

為何有這麼多相同性質的神明？據信是因為《古事記》《日本書紀》內容是將各地種族或地區神話，統整後所造成。

用語解說

＊ **住吉神**：綿津見神與住吉神都是在伊邪那岐命進行祓禊儀式時，依序誕生於海底、海裡及海面的三位神明。

山岳及海洋裡有許多神祇

大山咋神
（山神）
大山津見神
（山神）
天之狹土神、
国之狹土神（溪谷神）
比叡山
水分神
（將水流分開之神）
速秋津比古神、
速秋津比賣神（河口神）
宗像神（航海守護神）
住吉神（航海守護神）
綿津見神（航海守護神）

22 真的能從名號了解神明性格嗎？

——神名大多能表現出神明性質

受天照大御神之令自天而降統治地表的神明，多被稱呼為邇邇藝命*。但這只是略稱。在《古事記》中，祂的正式名號為天邇岐志國邇岐天津日高日子番邇邇藝命。

雖然不如落語段子《壽限無》的主角姓名那般長，但這麼長的名號，讓人難以想像只單單是一位神明的稱號。

擁有冗長正式名號的神祇驚人地多。邇邇藝命之父，天忍穗耳命的正式名號為正勝吾勝勝速日天忍穗耳命。

你可能認為要記住這麼長的名稱很難，但了解其涵義後，其實反而不覺得那麼困難。

首先，邇邇藝命的「天邇岐志」意指「天界變得熱鬧豐饒」，「國邇岐」為「地上變得熱鬧豐饒」，「天津日高」是「天界來的男子（神明）」，「日子」指「太陽神之子（孫）」，最後「番邇邇藝」指的是「稻穗結實累累」。

而天忍穗耳命的正式名號可解釋翻譯為「真的贏了，我贏了。贏得如日升般快。讓許多稻穗結實（的神明）」。

像這樣分析解讀後，兩者真正名稱為「番邇邇藝」與「天忍穗耳」，前面的部分皆是稱號。由此可知，祂們都是能為稻米帶來豐收的神明。

雖然不是每位神明名號都可這樣分析，不過神祇名號，與其性質、責任有密切關聯。

用語解說

* **邇邇藝命**：因為是天照大御神的孫子，又被稱為「天孫」

只要理解姓名，就能明白神明的性質與責任

● 天照大御神

アマ（ama）→ 天界
テラス（terasu）→ 照耀

● 月讀命

ツク（tsuku）→ 月亮
ヨミ（yomi）→ 讀取（明白）

● 大山津見神

オオ（ō）→ 巨大
ヤマ（yama）→ 山
ツ（tsu）→ 的
ミ（mi）→ 神靈

雖然不適用於所有神明，但還是可供參考喔。

● 伊斯許理度賣命

イシ（ishi）→ 石頭
コリ（kori）→ 將（熔化後的金屬）凝固後再精鍛
ドメ（dome）→ 女性

● 天津日高日子番邇邇藝命

アマ（ama）→ 天界
ツ（tsu）→ 的
ヒコ（hiko）→ 男子
（天界　的　男子 → 自天界來的男神）
ヒコ（hiko）→ 太陽之子
ホ（ho）→ 稻穗
ノ（no）→ 的
ニニギ（ninigi）→ 稻穗結實纍纍
（稻穗　的　稻穗結實纍纍 → 結實纍纍的稻穗）

◆ 常出現在《古事記》及《日本書紀》中的文字

「アメ（ame）／アマ（ama）」→天界、高天原
「クニ（kuni）」→大地、地區
「ホ（ho）」→稻穗或火
「ヒ（hi）」→能夠分與靈力的存在（火、太陽、冰等）
「ケ（ke）」→多與食物有關

23

來自國外的神明也能祭祀在神社？

——外國神明也加入神道教

你是否認為，因為神道教是日本獨有的宗教，所以信仰的神明也是日本獨有的呢？大致無誤，不過並非「所有神明都誕生於日本」。

比方說，有些神社會在境內設置七福神神社或雕像。但七福神中，只有惠比壽神是純粹的日本神明。

毘沙門天、辨才天、布袋，源自佛教（印度）。福祿壽與壽老人是道教（中國）的神明。大黑天雖同時是日本神祇大國主神，不過大黑天這名稱也是來自佛教。

七福神是中世紀後的信仰。但在《古事記》《日本書紀》的神話中，也能看到外來神明的姿態。登場於記紀（《古事記》《日本書紀》）神話裡，最具代表性的外國神祇就是天之日矛命。

天之日矛命是朝鮮半島的新羅國王子。祂迎娶了自赤玉中誕生的美女*為妻。美人妻為祂做了許多美味料理，但驕傲的天之日矛命居然口出穢言大罵。美女怒道：「我根本不該當你這種人的妻子！」便渡海返回到父神居住的日本難波。

著急的天之日矛命追隨其後，也想前往難波。卻遭遇港神阻擾不得其門而入。於是鎮座在但馬國，現在依然被祭祀在出石神社中。

據傳天之日矛命信仰是隨著海外渡來氏族信仰形成，但其他還有如新羅明神等，由留學僧侶引進的海外信仰。

用語解說

＊ **自赤玉中誕生的美女**：即阿加流比賣神。被祭祀在赤留比賣神社（大阪市平野區）。

從海外加入「八百萬神」行列的神祇

出身於外國的神祇

比如…

■ **天之日矛命**

※ 參考本文

相關神社　出石神社（兵庫縣豐岡市出石町）

■ **吳服大名神**

※ 從吳國引入紡織技術的古代日本女工

相關神社　吳服神社（大阪府池田市室町）

登陸但馬國的天之日矛命。

海外渡來氏族所信仰的神祇

比如…

■ **今木神**

※ 為朝鮮系，是桓武天皇生母，高野新笠的祖先神

相關神社　平野神社（京都市北區）

■ **韓神**

※ 朝鮮系渡來人的神明，曾被祭祀在宮內省中

相關神社　園韓神社（現已廢社）

其他宗教神祇

比如…

■ **泰山府君**
新羅明神

※ 在延曆寺僧侶圓仁及圓珍前往唐朝留學時，一直守護著他們

相關神社　赤山禪院（京都市左京區）
園城寺（滋賀縣大津市園城寺町）

■ **牛頭天王**

※ 在釋迦牟尼活躍的印度國內，祇園精舍的守護神

相關神社　八坂神社（京都市東山區）

佛教神明傳來日本時，曾被稱為蕃神（外來神）。

24 人類也能變成神明？——成為神明的日本人出乎意料地多

「〇〇真是神耶！」「神反應」等字句使用已久，但這只是比喻，並非指該人為信仰對象。

不過，其實真的有祭祀在神社中，受大眾信仰的「人類」。最為人知的例子，莫過於身為天神大神的菅原道真公吧（相關解釋敘述可參考第82頁）。另外廣泛流傳的還有德川家康公（東照宮）或平將門公信仰。

《古事記》《日本書紀》神話中，雖敘述過身為神明後代的人類，卻沒有記載過人類成為神明，或將人類當成神明祭祀的故事。因為人類與神明是截然不同的存在，即使兩者聯姻，人類似乎也不會因此成為神祇。

將人類視為神明祭祀的風潮，據傳出現於奈良時代晚期。當時相信，若人類抱持著強大怨恨死去，亡靈將大肆作亂，於是必須當成神明祭拜，好加以安撫*。

大規模祭典或神社祭祀，也是進入平安時代後才開始形成。據傳源自西元八六三年（貞觀五年），在平安京神泉苑舉行的御靈會。

到中世紀後，留下豐功偉業的人或英雄等，也開始被視為神明信仰。

不過，據說這是他們的後代子孫或繼承者，將其神格化後宣廣所致。

傳聞豐臣秀吉或德川家康在生前留下遺言，需在死後將自己作為神明祭拜。說不定是戰國英豪們才擁有的自信吧。

用語解說

＊ **祭祀安撫**：稱為御靈信仰。與平城京、平安京等首都形成，造成傳染病容易蔓延的背景相關。

在日本，人類也能成為神明

抱持怨念死去的人們

- **菅原道真**（全日本的天滿宮或天神社）
- **平將門**（御首神社或神田明神等）
- **崇德天皇**（白峰宮等）
- **安德天皇**（赤間神宮）

等等

將菅原道真與神使牛隻描繪成搭乘牛隻的天神。

偉人、英雄

- **聖德太子**（鵤森宮及奈良的寺院等）
- **和氣清麻呂**（護王神社等）
- **後醍醐天皇**（吉野神宮等）
- **豐臣秀吉**（全日本的豐國神社等）
- **德川家康**（全日本的東照宮等）
- **二宮尊德**（報德二宮神社）

等等

法隆寺傳承的聖德太子像。

氏族祖先、藩祖

- **藤原鎌足**（談山神社等）
- **武田信玄**（武田神社等）
- **上杉謙信**（上杉神社等）
- **伊達政宗**（青葉神社等）
- **加藤清正**（加藤神社或清正公）

等等

25 廁所神為何這麼重要？

——因為是守護生產等家族健康的神明

應該不少日本人是因為歌手植村花菜的暢銷歌〈廁所的神明〉，才開始明白廁所裡也有神明吧。

其實在過去很多日本家庭都會祭祀廁所神（廁神、便所神），而且像歌曲所唱的那般，深受重視。植村歌手的歌詞中，雖描述維持廁所清潔就能變成美女，但一般信仰是能讓女性受孕順產，也被認為會在孕婦生產時保護孕婦。

因為過去大多在家中生產，所以會向家中最不怕污穢的廁所神，祈求孕婦能夠安產。由於生產時無論如何都會伴隨著出血，而日本神祇大多都有視血液為穢物的傾向。

據說新生兒最初會先敬拜廁所神。稱為雪隱，大多在出生三天後參拜。

也因為排泄系統與健康息息相關，所以廁所神才被認為能保佑家庭健康吧。依地域習慣不同，聽說有些地方還會在除夕當晚，於廁所前擺放神膳。全家參列，由一家之主向廁所神打聲招呼*說：「多謝您的照顧。」

一般家庭中，除了廁所以外也還有其他會祭拜神明的場所。

像是廚房會祭祀灶神或火神。倉庫（收納衣物或米穀的房間）裡，也會祭祀倉庫神。

祭祀在神棚上的氏神，大多由一家之主進行祭拜。而家神則由主婦祭祀。

用語解說

＊**廁所前擺放神膳並進行招呼：**主要是長野縣下伊那郡阿南町新野地區的習俗，稱為「廁所新年」。（典故出自飯島吉晴《灶神與廁所神》）

守護家庭的神祇

依地域差異，廁所裡會祭祀波邇夜須毘賣神和水神彌都波能賣神等。廚房則會祭祀秋葉神社的火伏神等。

廁所神

廚房神

倉庫神

26 神明生出了日本國土？——由伊邪那岐命與伊邪那美命所生

在《古事記》和《日本書紀》裡，出現於天地初始時的神明有所不同。不過關於世界還是一片混沌，地表有如沼澤的描述是相同的。在這樣的地表上生出大地，讓人們得以居住的神明，正是伊邪那岐命和伊邪那美命。

伊邪那岐命與伊邪那美命先站在連結天界地表的天浮橋上，以裝飾有寶石（翠玉）的天沼矛向下攪拌混濁的地表。

他們抽出矛後，自矛尖掉落的鹽粒凝固變成島嶼——淤能碁呂島。

伊邪那岐命及伊邪那美命便在淤能碁呂島上立起天御柱，建立宮殿。

兩神自知彼此身體都有多餘與缺失的部分，結合後開始誕生國土。以天御柱為中心，伊邪那岐命往左，伊邪那美命向右圍繞。兩神相遇時互道「啊，真是美男子啊。」「啊，真是好女人呢。」，然後成婚。

不料，生出了畸形的水蛭子*，只好將祂流放大海。因女性率先發言為不祥之事，所以祂們重新結婚後，便如願順利接連產下國土。

據《古事記》敘述，最初誕生的是淡路島，再來是四國、九州、壹岐、對馬、佐渡島、近畿、兒島半島、小豆島、姬島、五島列島、男女群島。

用語解說

＊水蛭子：據說流放後成為惠比壽神。可參考第 84 頁。

以伊邪那岐命和伊邪那美命為主角的產國神話

為產國而先行創造了淤能碁呂島的伊邪那岐命與伊邪那美命。

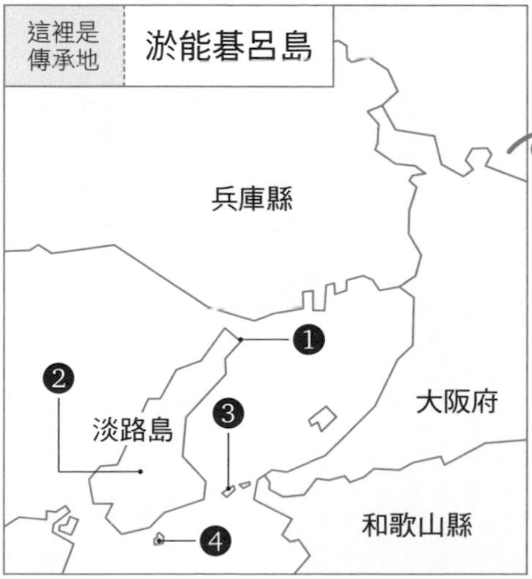

❶ 繪島
相傳是伊邪那岐命和伊邪那美命流放長子水蛭子的場所

❷ 自凝島神社
這裡有自矛尖掉落的鹽粒

❸ 友島
古墳時代前就被視為神島

❹ 沼島
這裡有著像矛尖的上立神岩

27 被稱為「最尊子」的神明是？——天照大御神、月讀命、須佐之男命

誕生完日本國土的伊邪那岐命和伊邪那美命，接著繼續生下許多神明。從這裡開始，《古事記》與《日本書紀》的內容開始產生差異。

《古事記》中，誕生完風神、河口神、樹神、山神等約四十尊神祇後，伊邪那美命最後因誕生火神迦具土神遭燒傷致死。

伊邪那岐命不願離棄伊邪那美命，便遠赴死者所在的黃泉之國*，想帶回妻子。但因為祂沒有聽從伊邪那美命指示不能偷窺的禁忌，最後以失敗收場。

為清除身上在黃泉之國沾染的污穢，伊邪那岐命到海中進行祓禊儀式。誕生了海神綿津見神或住吉神等神後，祂在清洗左眼時又誕生了天照大御神，清洗右眼時出現了月讀命，最後清洗鼻子時誕生須佐之男命。

伊邪那岐命欣喜道：「雖然我已生了這麼多的孩子，但最後卻又得到了三尊貴子。」於是天照大御神、月讀命、須佐之男命被稱呼為「三貴子」。

而《日本書紀》中，產國結束後，伊邪那岐命與伊邪那美命討論「我們再生尊天下之主吧」，於是生下了天照大御神。

因為祂的姿態甚為尊貴，兩神決定讓天照大御神掌管天界，並將其送往天界。隨後生出的月讀命同樣珍貴，因此也送往了天界。

然而，誕生的第三尊水蛭子卻連站都站不住，第四尊的須佐之男命既胡鬧又愛哭，於是將其放逐。就此結束產神，伊邪那美命也不曾死亡。

用語解說

* **黃泉之國**：死者居住的地底國。字義為「地底的泉水」。

天照大御神與其弟的誕生神話

天照大御神
月讀命
須佐之男命

伊邪那岐命進行祓禊儀式所誕生的三貴子。

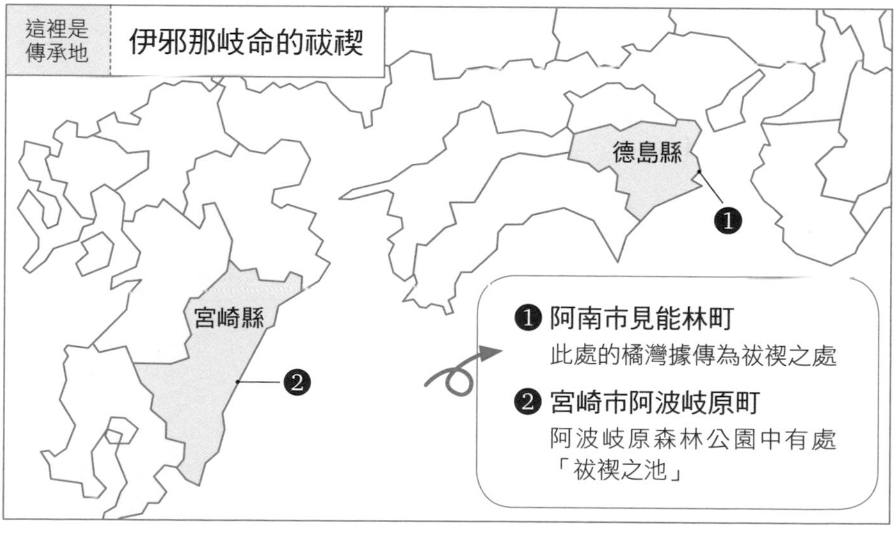
這裡是傳承地
伊邪那岐命的祓禊
德島縣
宮崎縣
❶ 阿南市見能林町
此處的橘灣據傳為祓禊之處
❷ 宮崎市阿波岐原町
阿波岐原森林公園中有處「祓禊之池」

28 天照大御神與三神器有何關連？

——在天岩戶神話中登場的兩樣神器

因為只會哭鬧，須佐之男命被父神伊邪那岐命下令前往地底根之國。但在出發之前，祂想先向天界的姐神天照大御神道別。

但當祂昇往天界時，驚天轟地，使得天照大御神懷疑祂欲前來占領高天原。

為表示清白，須佐之男命提出產神比較*的提案。結果，天照大御神誕生五尊男神，須佐之男命則誕生了三尊女神。於是祂以誕生女神可證其心無異為由，宣告勝利。

只是獲得勝利的須佐之男命心生驕傲，不但毀壞神聖的田地，還在舉行新嘗祭的神殿裡潑糞，做出諸多粗暴舉動。

祂甚至還將剝皮後的死馬丟入紡織神服的忌服屋裡，嚇死了織女。天照大御神一怒之下，隱身天岩戶。

由於太陽神藏了起來，天地昏暗，引發災難。深受困擾的眾神討論後，決定在天岩戶前舉行祭典，引誘天照大御神現身。

眾神製造了作為祭典的祭具，也就是三神器中的八咫鏡與八尺瓊曲玉（最後一件的草薙劍請參考下一節）。

天兒屋命唱念祝詞，天宇受賣命則在木桶上舞蹈，眾神歡聲大笑。覺得奇怪的天照大御神打開岩戶想一探究竟時，天手力男神抓住手腕將祂拉出。布刀玉命隨即利用注連繩封閉岩戶。

用語解說
* **產神比較：**利用是否產生如誓言內容的結果，占卜是非正邪的「誓約」。

三神器中，在天岩戶神話登場的兩樣神器

為引出天照大御神，製作了八咫鏡與八尺瓊曲玉。

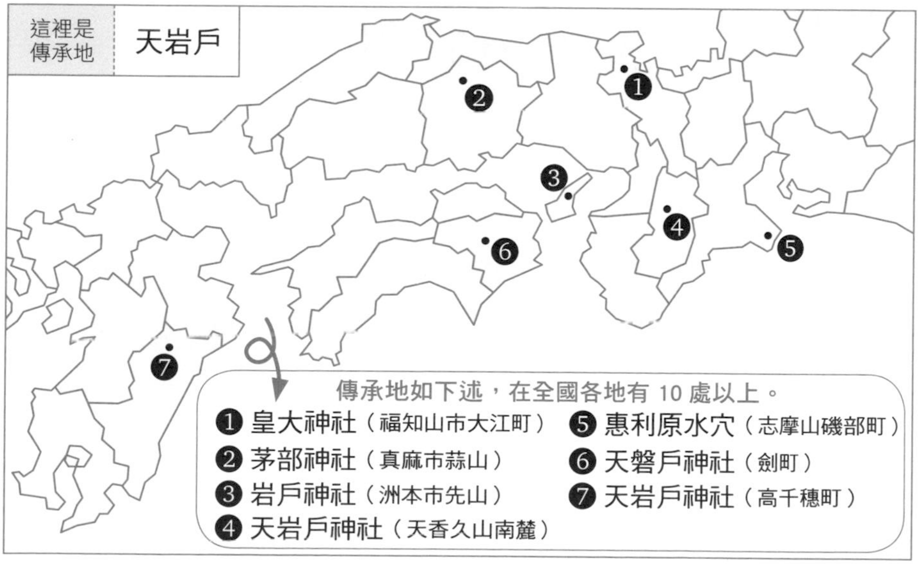
這裡是傳承地
天岩戶
傳承地如下述，在全國各地有 10 處以上。
❶ 皇大神社（福知山市大江町）
❷ 茅部神社（真庭市蒜山）
❸ 岩戶神社（洲本市先山）
❹ 天岩戶神社（天香久山南麓）
❺ 惠利原水穴（志摩山磯部町）
❻ 天磐戶神社（劍町）
❼ 天岩戶神社（高千穗町）

29 須佐之男命真的是日本第一位結婚的嗎？

——須佐之男命是第一位與國津神結婚的天津神

由於《古事記》《日本書紀》中並沒有出現「結婚」的文字敘述，所以關於誰才是最初結婚的神明，眾說紛紜。

有人認為是伊邪那岐命與伊邪那美命，也有人覺得是邇邇藝命及木花之佐久夜毘賣命。而須佐之男命才是第一位結婚的說法，出自出雲的八重垣神社。其內容基於下述神話。

被天界放逐後，須佐之男命降臨於出雲肥川（斐伊川）畔的鳥髮地區。那時，河川漂流下筷子，祂推測上流應有人家，便試著前往。

結果祂看到一對老夫婦抱著少女哭泣。詢問之下，才知名為八岐大蛇的巨大八頭蛇怪，每年會吃掉一位少女。而今年輪到這位少女——櫛名田比賣命，兩老才會悲從中來。

須佐之男命以迎娶櫛名田比賣命為條件，接受斬殺八岐大蛇的任務，並請身為國津神*的老爺爺準備酒水。祂先讓八岐大蛇飲用，再趁酒醉時見機斬殺。

沒想到斬殺蛇怪後，蛇尾出現一把劍。須佐之男命注意到這把劍十分神聖，便將這把劍獻給天照大御神。這就是三神器之一的草薙劍。

須佐之男命依照約定斬殺八岐大蛇之後，在須賀建造了宮殿，與櫛名田比賣命同住此地。爾後鎮座在此地遺跡的，正是現今八重垣神社。

換言之，須佐之男命是天津神中第一位與國津神結婚，並在地上建造新居的神祇。

用語解說

＊**國津神**：相對於天照大御神等住在天界的天津神，居住在地界的為國津神。

在出雲地區傳承的須佐之男命與八岐大蛇神話

酒醉的八岐大蛇被須佐之男命砍殺後，流出的血液染紅了肥川。

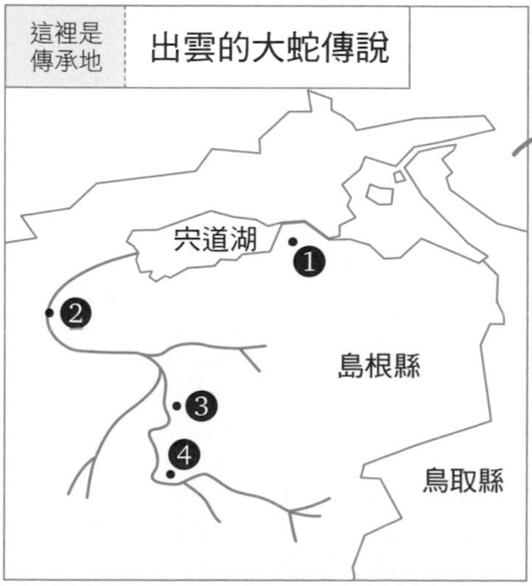

❶ 八重垣神社

斬殺大蛇後，須佐之男命為了新婚生活在此建造宮殿居住。另外也相傳是櫛名田比賣命曾為躲避大蛇的避難之地

❷ 斐伊川

據傳是大蛇原型

❸ 八本杉

將大蛇頭部掩埋後，在上面種植了杉樹

❹ 天之淵

大蛇居住的湖淵

30 為何只有出雲神話被視為特別的存在？——因為對大和朝廷而言，出雲曾為強敵

這裡所指的特別存在，起因於《古事記》《日本書紀》中，關於天皇祖先神的神話內容明明不多，但卻數次描述出雲相關神話。

雖然在《日本書紀》並非全是如此，但在《古事記》神話裡，與出雲相關的傳說*約占了四成。

更不用說，不僅有出雲神話被口耳相傳。雖然現存的《風土記》只剩五國，但只要閱讀即可知，日本各地區都有著各式各樣的有趣神話。

那麼為何《古事記》要如此「禮遇」出雲神話呢。

那是因為對大和朝廷而言，出雲曾是最大強敵的緣故。雖沒有具體紀錄，但據傳在日本朝廷支配下，出雲付出了相當大的犧牲及代價。同時為了展現大和朝廷克服敵人的強大力量，才會以大幅篇章描述。

同時，這也顯示打敗如此對手的皇祖神有多麼偉大。

《古事記》《日本書紀》中的出雲神話，是從須佐之男命的子孫大國主神登場後開始描述。

大國主神雖受兄長們（八十神）迫害，不過祂在根之國接受須佐之男命的試煉後變得強大，進而成為地表王者。也獲得少名毘古那神與大物主神的幫助，一起開發拓展地界。

根據《播磨國風土記》等書記載，祂也向人們宣導了醫藥知識。

用語解說

＊ **出雲傳說：**《古事記》中所描述的出雲神話，沒有記載於《出雲國風土記》中。所以可能是後人為大和朝廷所創造的神話。

曾統治出雲周遭的大國主神神話

與八十神不同，大國主神是善良的神祇。

◎「因幡白兔」（《古事記》）

八十神們想前往因幡向八上比賣求婚時，要大國主神背負行李跟隨。途中遇見被鯊魚剝去毛皮的白兔。八十神們卻欺騙白兔，讓白兔吃盡苦頭。而大國主神則教牠治療方式。結果八上比賣選擇大國主神為結婚對象。

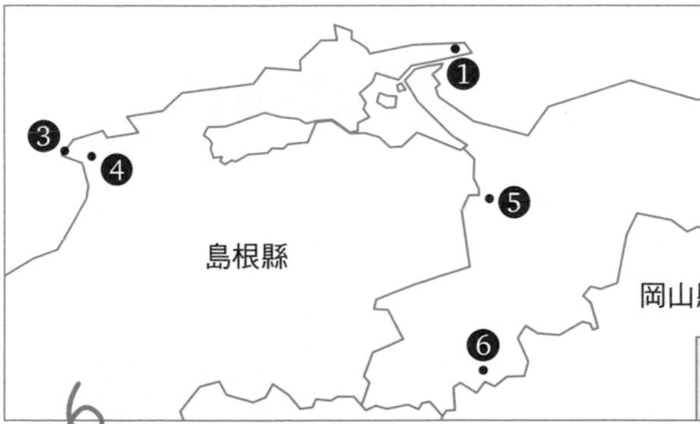

這裡是傳承地 大國主神神話

❶ **美保岬**（松江市美保關町）
在此與少名毘古那神相遇

❷ **白兔海岸**（鳥取市白兔）
幫助白兔

❸ **稻佐海濱**（出雲市大社町）
被建御雷神脅迫讓國

❹ **出雲大社**（出雲市大社町）
高天原神明給予了宮殿

❺ **赤豬岩神社**（南部町）
被八十神殺害後又復活

❻ **大石見神社**（日南町）
再度被八十神殺害後復活

31 為什麼天照大御神要派遣孫子到地界？——代替自己讓祂統治地界

天照大御神、月讀命、須佐之男命三貴子誕生之後，父神伊邪那岐命分別決定了祂們的統治之處。天照大御神負責天界。

之後天照大御神一直在高天原率領眾神。不過有一天，祂認為自己的兒子——天忍穗耳命才應該掌管地界。

雖然有些突然，但既然地界是伊邪那岐命和伊邪那美命所生，那麼，作為祂們的正統繼承人，天照大御神宣示主權也是理所當然。

但當時地界已由大國主神為首，成為國津神的世界。就算天忍穗耳命降臨，祂們未必吞得了這口氣。

於是天照大御神為勸說祂們服從，派遣了使者前往。

不過，兩度派遣前往的使者，都被大國主神收服。因此天照大御神決定使出強硬手段，派遣武神建御雷神*下凡。

大國主神的兒子——建御名方神，屈服於以武力要脅讓國的建御雷神之下，大國主神只好讓出國土。

雖然如此一來便完成了統治地界的條件，但在等待平定地界的這段期間，天忍穗耳命生下後代（邇邇藝命），於是祂便要求由其子統治。

天照大御神的孫子（天孫）就此降臨。

用語解說

＊ **建御雷神**：在《日本書紀》中，是派遣名為經津主神的武神前往。

高天原勢力影響地界的天孫降臨神話

◎ 高天原血統

邇邇藝命降臨後，與山神之女結婚。其子——彥火火出見尊與孫子——鵜葺草葺不合命，皆與海神之女聯姻。像這樣與國津神同盟，更加堅定基礎。爾後子孫——神倭伊波禮毘古命，即位為初代神武天皇。

這裡是傳承地　天孫降臨

❶ 高千穗町

據傳此為降臨處。山上建造了槵觸神社，附近還有自高天原帶來的水源——天真名井。

❷ 霧島山

傳承天孫降臨神話而建造了霧島神宮。在高千穗峰山頂上，還有據傳為邇邇藝命親手插下的天逆鉾。

32 倭建命為何要討伐熊襲？——因為日本各地尚存反抗部族

自邇邇藝命、彥火火出見尊與鵜葺草葺不合命三代神祇（稱為日向三代）居住的筑紫日向地區（現今宮崎縣一帶），向大和進攻後，神武天皇便即位為初位天皇。

途中，他接納友善部族成為大和朝廷成員，一同以武力壓制反抗部族。

不過，反抗部族並未因此全數消滅。歷代天皇都曾三不五時派遣軍隊前往平定各處。第十代崇神天皇派遣被稱為四道將軍的四位皇族*前往四處，企圖一掃反抗勢力。

但這個情況一直持續到第十二代景行天皇時代。天皇親自出馬遠征，皇子倭建命也被下令平定他處。

倭建命最先前往之處，是以南九州為據點的熊襲。

他扮成女裝潛入熊襲的宴會中，殺害了族長的兄弟——熊曾建。倭建命之名就是此時族長之弟熊曾建死前對他的讚奉，其原名為小碓命。

之後暫回首都的倭建命，又被下令遠征東國。他依照姨母指示，途中前往伊勢神宮領取草薙劍。

藉由草薙劍靈力及其妃子（弟橘比賣命）的犧牲自我，倭建命成功達成遠征目的。回到尾張國後，與國造官之女——美夜受比賣成婚。

只是據傳在他前往制伏伊吹山之神後，因病而亡。

用語解說

＊**四位皇族**：其中被派往吉備的吉備津彥命，據說是桃太郎的原型。

為平定各地而戰的倭建命神話

倭建命混入熊襲女子之中，潛入宴會，以藏在懷中的短劍，接連刺殺了兄弟。

這裡是傳承地 倭建命的遠征路線

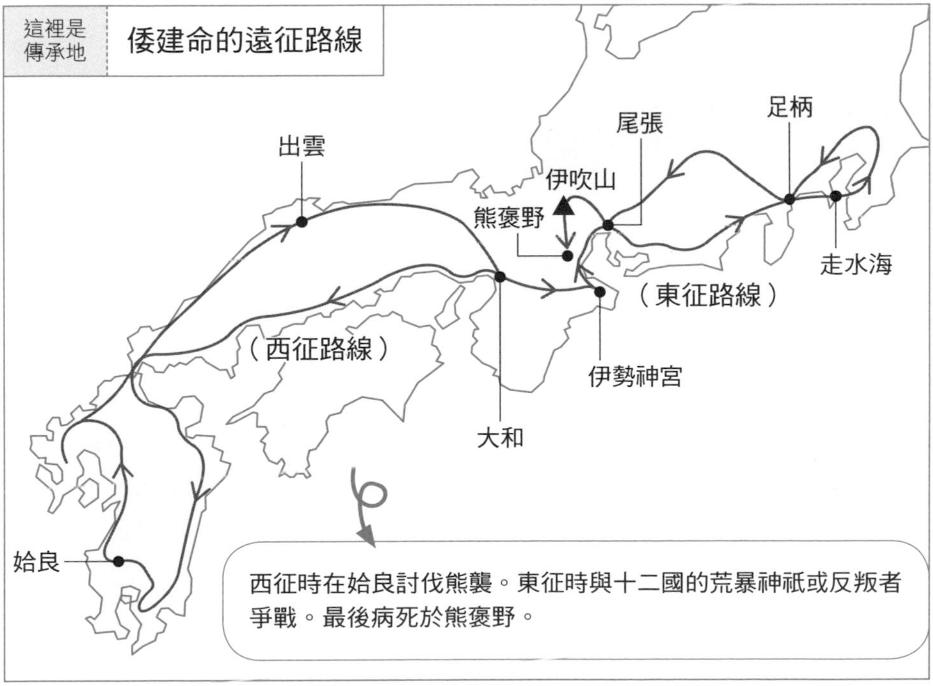
出雲
尾張
足柄
伊吹山
熊褒野
走水海
（東征路線）
（西征路線）
伊勢神宮
大和
姶良
西征時在姶良討伐熊襲。東征時與十二國的荒暴神祇或反叛者爭戰。最後病死於熊褒野。

33 神功皇后為何身懷六甲遠征？
——因她接收神諭

倭建命沒有即位就離開人世，但其子為第十四代仲哀天皇，而皇后就是神功皇后。

據說神功皇后具有被神靈附體並領受神諭的巫女體質。當她隨天皇前往筑紫時*，也收到神諭。

這時天皇奏琴，身為審神者（判斷神諭的角色）的武內宿禰向神明請求降下神宣。

他們或許本想詢問遠征能否獲得勝利，但出現的神明卻說：「西方有國，我會讓充滿金銀財寶的那個國家服從於你。」

當時天皇認為這是假神諭，便停止彈奏，神明因而大怒，使其失去性命。

受到驚嚇的神功皇后立刻舉行國內祓禊儀式，請求神明原諒，再次給予神宣。

結果神明說道，「這個國家會由妳腹中的孩子（之後成為應神天皇）統治吧。」同時也表明自己是住吉神（參考第86頁）。若想遠征成功，祂還告知必須祭祀天地神明。

依神明指示舉行祭祀後，她搭船出海時，強風巨浪一口氣將船隻推至新羅國中部，讓軍隊成功行進。懼怕其勢力的新羅王便發誓服從。

遠征後返國的神功皇后最後順產，但仲哀天皇的皇子們欲取兩人性命舉兵。皇后只好散播胎兒死去的謠言欺騙對手，最後趁對手大意時襲擊戰勝。

用語解說

＊ **前往筑紫時：**熊襲一族未因倭建命遠征滅絕，爾後也繼續反抗朝廷。因此此時也是前往討伐熊襲。

神功皇后的遠征新羅與生產神話

出兵時，神功皇后為延遲預產期，在腹部綁上石頭。

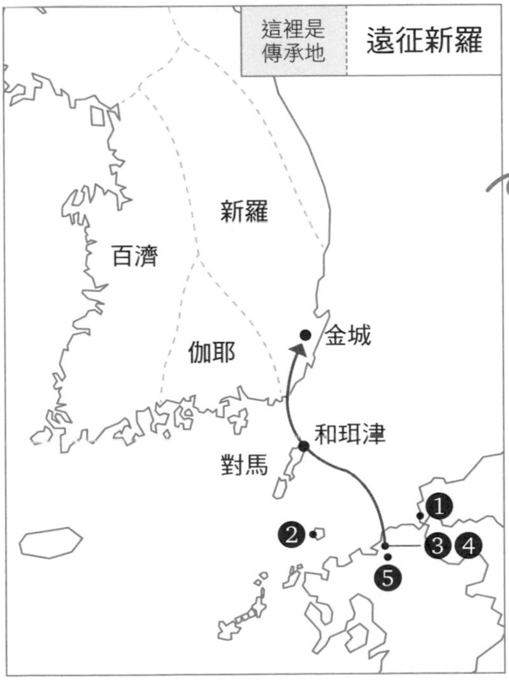

❶ 住吉神社（下關市一之宮）
祭祀著守護神功皇后船隊的住吉神

❷ 爾自神社（壹岐市鄉浦町）
這裡有神功皇后出兵時，祈求雨順風調的東風石

❸ 香椎宮（福岡市東區）
神功皇后接收到遠征新羅的神諭

❹ 筥崎宮（福岡市東區）
神功皇后將胎盤放入箱中埋藏於此

❹ 宇美八幡宮（宇美町）
神功皇后產下應神天皇

34 大國主神是眾神之王嗎？

——祂在出雲神話裡是眾神之王

第19節（第48頁）曾敘述，八百萬神中最偉大的是天照大御神。那麼，大家或許會產生疑問，大國主神為眾神之王又是怎麼一回事？

《古事記》《日本書紀》記載，天照大御神是最高神明。而大國主神為眾神之王的紀錄，則出現於《出雲國風土記》等出雲神話中。

《出雲國風土記》裡，稱呼大國主神為「所造天下大神」。

此名號想表達祂是創造開發天地的神祇。不過祂並沒有創造天地，所以應當解釋為「開拓大地的神明」。

根據《出雲國風土記》中的描述，自新羅或隱岐拉扯土地，建造出雲國土的神明是八束水臣津野命*。

大國主神在八束水臣津野命後才登場，所以祂與創造出雲一事無關。

大國主神戰勝迫害祂的兄長們（八十神）後，開拓大地讓眾神與人們居住。不過大國主神支配的只有地界神，不包含天界眾神。

實際上，《日本書紀》裡也記載了祂被信仰為開拓神的內容：「大己貴命（也就是大國主神）和少名毘古那神，同心協力開拓天地，還制定治療人類與家畜疾病的方法，同時想出避免鳥獸蟲害的方式。因此人們至今依然承其所恩。」

用語解說

* **八束水臣津野命**：據說與《古事記》系譜的大國主神祖父神——淤美豆奴神，為同一神明。

神話中，大國主神的各種稱號

大國主神的原名 ॥ 大己貴命	大穴牟遲神	讀音 おおなむちのかみ（Ōnamuchinokami） 意義 寬闊土地的神明

■ 葦原色許神男（葦原醜男）
讀音 あしはらしこおのかみ（Ashiharashikoonokami）
意義 葦原中國（日本）的猛者

■ 八千矛神（八千戈神）
讀音 やちほこのかみ（Yachihokonokami）
意義 具有強大威力的神明

■ 宇都志國玉神（顯國玉神）
讀音 うつしくにたまのかみ（Utsushikunitamanokami）
意義 統治地界的神明

■ 大國主神
讀音 おおくにぬしのかみ（Ōkuninushinokami）
意義 偉大之國的統治者

＊上述 4 項名稱皆顯示祂為偉大王者。

■ 天下所造大神
讀音 あめのしたつくらししおおかみ（Amenoshitatsukurashishiokami）
意義 開拓地表的偉大神明

■ 幽冥主宰大神
讀音 かくりごとしろしめすおおかみ（Kakurigotoshiroshimesuōkami）
意義 主宰幽冥界的偉大神明

我還有很多別名
沒被寫出來喔！
如何，認輸了吧！
太厲害了！

35 稻荷神與八幡神為何沒有出現於記紀？

——因為在記紀編撰時，尚未為人所知

雖然很難計算神社的正確數量究竟有多少，但相信大家都認同祭祀稻荷神與八幡神的神社數量壓倒性的龐大。可是，這兩神卻沒有出現在《古事記》及《日本書紀》中。是為什麼呢？

理由很簡單，那是因為《古事記》《日本書紀》的編撰者，在當時還不知道這些神祇。

稻荷信仰，是以京都南部伏見地區的稻荷山為根源聖地。

根據《山城國風土記》記載，過去當秦氏*祖先——秦伊呂臣以麻糬為標靶射出箭後，麻糬竟化身白鳥，向稻荷山飛去，然後生出稻米。現為稻荷信仰的總本宮——伏見稻荷大社，正創建於此。

伏見稻荷大社的紀錄中，這件事發生在西元七一一年（和銅四年）。同年，元明天皇命令太安萬侶編撰《古事記》。即使此事為真，太安萬侶也尚未聽聞吧。

另一方面，八幡神神靈鎮座在大分縣宇佐一事，要追溯到神代時代。朝廷知曉其名是在西元七二〇年（養老四年）時，八幡神顯現神威鎮壓隼人之亂後的事情。

這一年，約是舍人親王將《日本書紀》獻撰（獻上自身編撰書籍）元正天皇的時期。

此外，《古事記》《日本書紀》皆記載過，神武天皇東征時，曾在宇佐地區停留。宇沙都比古、宇沙都比賣便為天皇建造宮殿。宇沙都比古就是負責宇佐神宮祭齋的宇佐氏祖先。

用語解說

＊**秦氏**：指中國系渡來人氏族。是將秦始皇視為祖先的弓月君後代。

記紀編撰完成後，兩神的知名度才上升

◎ 伏見稻荷大社略史 —— 到平安時代的興盛期為止

西元 711 年（和銅 4 年）	秦伊呂臣在稻荷山祭祀神明
西元 827 年（天長 4 年）	為建造東寺塔，在稻荷山砍伐樹木後，淳和天皇出現健康問題。於是授予從五位下的神階
西元 942 年（天慶 5 年）	清少納言在初午之日參拜伏見稻荷
約 10 世紀末左右	稻荷大神被給予正一位神階
西元 1072 年（延久 4 年）	後三條天皇前往祭祀稻荷神

平安時代後，伏見稻荷大社與東寺信仰連結加深。
不但受寺院信仰，也逐漸與各地田神結合而廣泛流傳。

◎ 宇佐神宮略史 —— 直到迎請至東大寺為止

※ 出典於宇佐神宮官網

上代	市杵嶋姬命、湍津姬命、田霧姬命三女神，自天降臨宇佐島
上代	天孫降臨時，宇佐國造的祖先 —— 天三降命服從於祂
西元 526 年（繼體天皇 20 年）	猛覺魔卜仙在求菩提山開山
西元 571 年（欽明天皇 32 年）	八幡神顯靈，祭祀大神比義
西元 712 年（和銅 5 年）	建造鷹居社，祭祀八幡大神
西元 716 年（靈龜 2 年）	將八幡大神移駕至小山田社祭祀
西元 720 年（養老 4 年）	豐前國國守——宇努首男人，身為將軍祭祀八幡神後，朝大隅、日向的隼人進攻。之後在和間海濱開始舉行放生會
西元 748 年（天平 20 年）	迎請東大寺、八幡神（現今的手向八幡宮）
西元 749 年（天平 21 年）	聖武天皇為建立東大寺，前往八幡宮祭拜。依照神諭，挖掘出黃金

奈良時代，因神宣幫助建造東大寺大佛，而受朝廷信仰。平安時代之後，被迎請至平安京近處的石清水八幡宮，成為祭祀應神天皇的皇寺祖廟，並獲崇敬。

原來是受到朝廷的重視，信仰才會迅速地擴展開來啊。

36 菅原道真為什麼會變成天神？——因為他得到了天滿大自在天神的神號

提到學問之神，無論是誰都會想起菅原道真公（西元八四五～九〇三年）吧。

不過，菅原道真為什麼會被稱為「天神」？在解釋原因之前，讓我們先一起看看菅原道真公的生平。

道真公因其學識而出人頭地。不但被宇多天皇提拔，擔當政治中樞重任。醍醐天皇時代，也成為右大臣。

但他被冠上欺瞞醍醐天皇的罪名，流放至太宰府。最後抱持悲憤，歿於五十九歲。

結果，與道真公流放相關的藤原時平等相關人士，以及醍醐天皇的皇子們都相繼死去。謠言流傳這是起因於道真公的怨念。於是，朝廷恢復道真公的右大臣職務，另給予正二位官階。

然而在西元九三〇年（延長八年），一道落雷打進清涼殿，讓許多公卿官人死去。如此前所未聞的災難，加上醍醐天皇駕崩，使得畏懼道真公的風潮愈發盛行。

當時，居住在右京七條的巫女——多治比文子接受神宣，在祭祀雷神火雷神的京都北野*，祭拜道真公。

在道真公墓所建造寺院的太宰府，也將道真公視為神明祭祀。之後發展成為神社。

爾後，道真公被稱為天滿大自在天神，再取最初及最後的文字，被稱為天神。

用語解說

＊**京都北野**：之後受到朝廷祭祀，最後被稱為北野天滿宮。

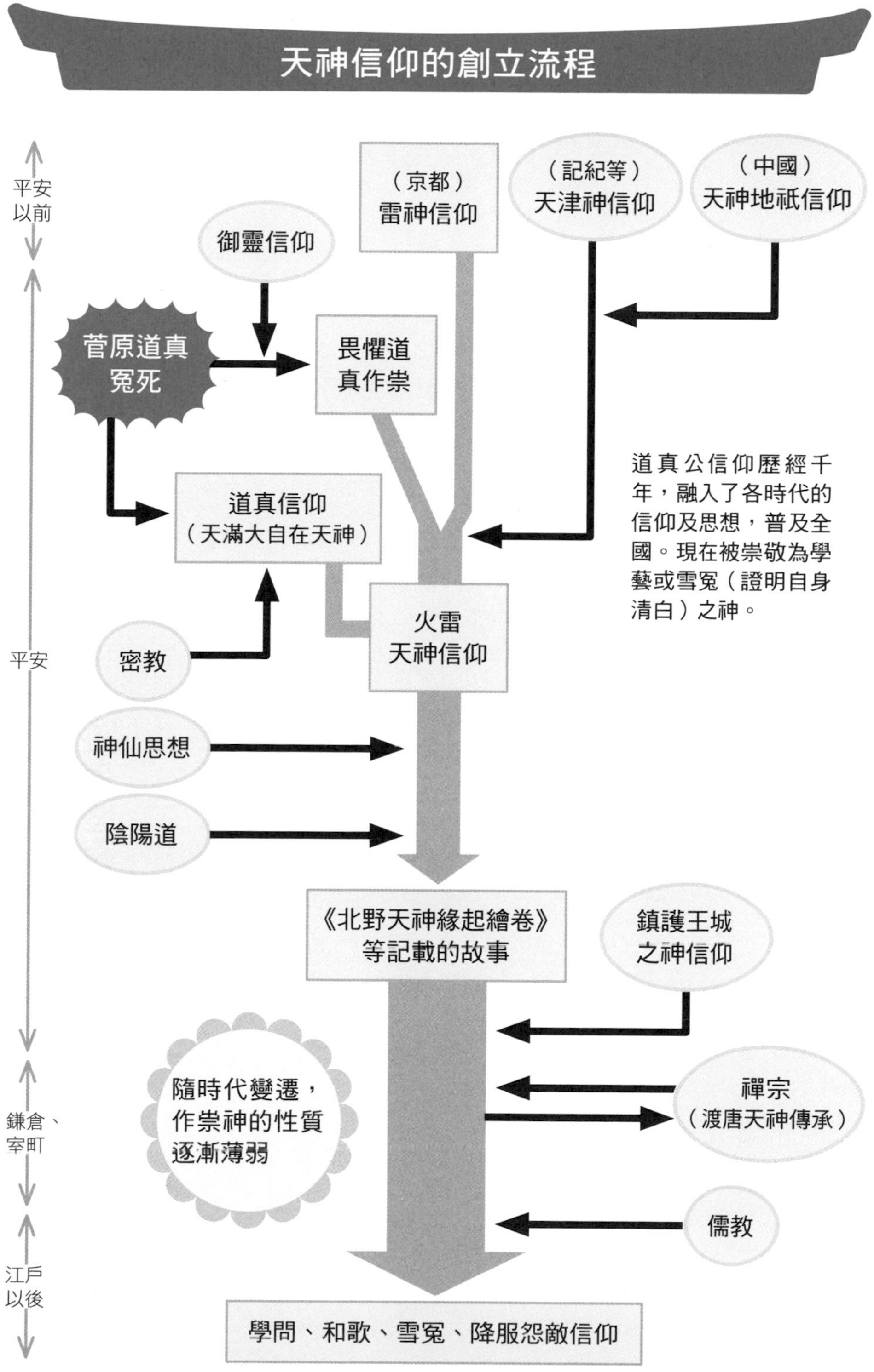
天神信仰的創立流程
平安以前
平安
鎌倉、室町
江戶以後
（京都）雷神信仰
（記紀等）天津神信仰
（中國）天神地祇信仰
御靈信仰
菅原道真冤死
畏懼道真作祟
道真信仰（天滿大自在天神）
火雷天神信仰
密教
神仙思想
陰陽道
《北野天神緣起繪卷》等記載的故事
鎮護王城之神信仰
禪宗（渡唐天神傳承）
儒教
隨時代變遷，作祟神的性質逐漸薄弱
學問、和歌、雪冤、降服怨敵信仰
道真公信仰歷經千年，融入了各時代的信仰及思想，普及全國。現在被崇敬為學藝或雪冤（證明自身清白）之神。

37 惠比壽神究竟是蛭子神還是事代主神？

——其實這些原本都是不同神祇

各位知道惠比壽神嗎？惠比壽的漢字寫法，還有惠比須、夷、戎等。雖然還有一種說法認為是指日本關東以北，不服朝廷支配的部族之意（據說此涵義自蝦夷讀音訛變）。但在宗教中，祂與大黑天並列為代表性的福神。

福神如字面意思一樣，意指招來福氣之神。福神之一的惠比壽神，因可帶來漁獲豐收或生意興隆，深受廣大民眾信仰。

不過，以惠比壽為名的神明並沒有登場於《古事記》《日本書紀》及各國《風土記》裡。唯一能確定的是，與毘沙門天或福祿壽*等，自佛教、道教引入的神明不同，惠比壽神是日本獨有的神祇，這的確無庸置疑。但關於祂的真實樣貌，依然存在著許多謎題。

一說，祂在《古事記》《日本書紀》中曾以其他名號登場。

有人認為祂是被祭祀在兵庫縣西宮神社（西宮市社家町）中，由伊邪那岐命與伊邪那美命之間產下的蛭子神。也有人認為祂是被祭祀在島根縣美保神社（松江市美保關町）中，大國主神的子神——事代主神。不知何者為真呢？

惠比壽神受漁民信仰，曾被認為是自海洋彼方帶來漁獲豐收的神明。

而記紀神話中，蛭子神因無法站立而被流放大海。據說祂最後漂流至西宮，鎮座在西宮神社。

另一方面，記紀神話曾描述事代主神於讓國神話時，在美保釣魚。所以美保神社認為惠比壽神等同漁民之神。

用語解說

＊ **福祿壽**：七福神之一。源自中國道教，特徵為長長的頭型。據說可帶來幸福、財產、長壽等。

惠比壽、蛭子神、事代主神的相似點

頭戴烏帽、身穿狩衣的姿態，在日本室町時代，代表著身分地位高尚的人。

惠比壽神

〈漁業神〉

特質

- 自大海彼方飄洋過海而來的神祇
- 在市場被祭祀的商業神
- 七福神之一（常與大黑天共同祭祀）

蛭子神

〈伊邪那岐命與伊邪那美命之子〉

特質

- 因誕生後無法站立，不被二親神認可為子，流放於海洋
- 「蛭子」也可念為「太陽之子」，於是有人認為祂一樣符合貴種漂流譚（雖為貴子，卻遭受波折的命運，最終成為崇敬存在的故事類型）特性。

因海洋特質而與惠比壽視為同一神明

事代主神

〈大國主神之子〉

特質

- 讓國時，正在美保岬釣魚
- 化身為八尋和邇（巨大的鱷魚或鯊魚）與女性結婚，生下神武天皇的皇后

38 綿津見神、住吉神、宗像神，有何不同？

——差別是統治海洋之神與航海之神

綿津見神、住吉神、宗像神，皆是登場於《古事記》《日本書紀》神話中的海神。這些神明至今依然被供奉在神社受人信仰。

祂們有何不同呢？

簡單地說綿津見神是統治海洋的神明，住吉神及宗像神是守護航海的神明。

綿津見神和住吉神，是伊邪那岐命在海中進行祓禊儀式時誕生的神明*。

據說當祂潛入海底時，誕生了底津綿津見神與底筒之男命，在海裡則出現中津綿津見神與中筒之男命，到達海面後，誕生了上津綿津見神與表筒之男命。

而宗像神誕生於天照大御神和須佐之男命舉行產神比較時。

或許也可視綿津見神為統治海洋的神明。當山幸彥丟失兄長的釣勾後，他前去探訪綿津見神的宮殿，於是海裡的魚群全部集合，為他尋找釣勾。

相較之下，住吉神則在神功皇后遠征新羅時給予協助，因此有人認為住吉神是以守護軍船為中心的航海守護神。

宗像神誕生時，天照大御神曾說：「你們這三尊神明需降臨道中（海路交通中樞），幫助天孫（意指天皇），並祭拜天孫。」由此可得知，宗像神是守護海洋交通、特別是海外航路安全的神明。過去的遣唐使也會先參拜宗像大社後，再渡海前往中國。

用語解說

＊ **進行祓禊時誕生：**伊邪那岐命和伊邪那美命在產神時，曾誕生出名為大綿津見神的神祇。但與綿津見神間的關係不明。

綿津見神、住吉神、宗像神

◎ 三尊一組的海洋神明

神名	綿津見神	住吉神	宗像神
	上津綿津見神 中津綿津見神 底津綿津見神	表筒之男命 中筒之男命 底筒之男命	田霧姫命 湍津姫命 市杵嶋姫命
誕生	伊邪那岐命進行祓禊時	同左	天照大御神和須佐之男命舉行產神比較時
神格、功績	山幸彥之妃及鵜葺草葺不合命之妃的父神	守護神功皇后遠征新羅	受天照大御神之令，鎮座於海路交通中樞。並守護航海安全
信仰、御神德	筑前發祥的海神族阿曇（安曇氏）信仰。該氏族在移居信濃國安曇野等地後，也依然信奉著綿津見神。被視為海神	集中在神功皇后遠征回途路線，一直到瀨戶內海等地區的信仰。也被視為是軍船守護神。近年被崇敬為商業或和歌之神	被祭祀於玄界灘，受遣唐使們信仰成為航海守護神。另外也被認為能鎮護國家、守護皇室、帶來漁獲豐收等
神社	志賀海神社（福岡市東區）、穗高神社（長野縣安曇野市穗高），及全國的綿津見神社、海神社等	住吉大社（大阪市住吉區）及全國住吉神社等	宗像大社（福岡縣宗像市田島）及全國宗像神社等

無論何者，皆為三尊神明共享同一神格。雖有各自名號，卻沒有獨特性格，以一個整體狀態行動。

宙斯、波賽頓與黑帝司分別掌管天界、海洋、地底。
希臘神話也經常出現三尊一組的神明喔～

COLUMN 02

御神籤的歷史意外地悠久！

古代日本人欲得神明旨意時，利用過各式各樣的方法。焚燒龜殼鹿骨，躺睡在神聖床寢上等待神諭。或在粥水裡插入細管，觀察管中米粒數量等。在這麼多的手段中，御神籤也是其中之一。

最古老的例子，應該就是記載於《日本書紀》齊明天皇四年（西元六五八年）十一月三日的章節中，關於有間皇子（齊明天皇胞弟孝德天皇皇子）的謀反事件。章節記載著取得「短籍」，占卜有間皇子或蘇我赤兄等是否真要謀反。

雖內容中沒有清楚描述具體方式及形態，但記載他們製作了數枚紙張，上面寫有代表成功失敗的文字記號，再從中隨機挑選（也有利用御幣靜電吸引紙張的方式）紙片，閱讀內容好以判斷運勢。

室町時代，也曾使用紙籤來選出將軍的繼承者。

現今普遍寫有漢詩或和歌的御神籤，以「元三大師百籤」（觀音籤）為原型。據說這些寫有五言絕句百首的紙籤，是平安時代的元三大師良源（天台宗高僧）所製作。

到了江戶時代末期，因國學思想發達普及的影響。出現了將漢詩改為和歌的御神籤。

明治時代後，因與漢詩相較，和歌較易理解，於是採用「和歌神籤」的神社寺廟便逐漸增加。

第3章

神社之謎

——隱藏在聖地的傳統智慧

39

神社與寺廟有何不同？

——神社是屬神場所，寺廟是屬人場所

現今，與寺廟混合的神社為數不多，但有些人還是會在神社境內感嘆「這間廟真不錯～」或將本殿稱呼為本堂，甚至到了寺廟也會柏手*……

自明治時代起，神道教與佛教正式分離，神社和寺廟終於產生明確區分。但畢竟神佛習合的歷史有千年之久，所以看到殘存的神佛習合社寺時，還是會令人有點困混。

筆者本身也在參拜某些神社及寺廟時，曾出現過「咦？這究竟是神社還是寺廟？」的疑惑。

不過，基本上神社還是不同於寺廟。

因為兩者皆為神聖的場所，所以人們總輕易概括成「社寺」「寺社」。然而兩個場所的性質具有相當大的差異。

那麼究竟有何不同呢？簡單來說，相對於神社是為神明建造，寺廟是為了人們所建造的場地。

寺廟原是讓出家人共同修行的場地。以悟道為目標，當釋迦牟尼在世時，接受祂的指導。在祂圓寂後，則由道行高深的長者來指引修行尚淺的人們。

隨著釋迦牟尼信仰的擴展，寺廟逐漸變化為祭拜釋迦牟尼佛像的場所。

相較之下，神社是祭祀神祇的場地。神社境內的建築物或神寶、祭具等事物，主要是為了讓神明感到快樂舒適。

換句話說，神社就好比神祇的房子、宮殿。因此，參拜可說是參望能與神明相遇的舉動，更應該仔細打理裝扮並潔淨身心。

用語解說

* **柏手**：參拜時，兩手合掌拍出聲響。也就是二拜二拍手一拜中「二拍手」的部分。

神社與寺廟的性質完全不同

神社

屬神場所

＝為祭祀神明所奉獻的場地

主要建築　神明居住的神殿

因神佛習合，兩者要素相互混合

→ 明治時代神佛分離

在一些歷史悠久的社寺中，還是能夠發現神佛習合的殘影喔。

寺廟

讓人們修行的地方

＝出家人為求悟道的修行地

主要建築　為讚奉悟道神佛與想像中的菩薩所建造的塔堂

40 該如何鑑賞神社？
——只要具備些許知識，境內到處都有可看之處

老實說，我小時候也曾覺得，神社既不像寺廟安置有佛像，又不能進入社殿，是非常無聊的地方。但巡禮幾處神社後，我逐漸感受到神社的魅力與其有趣之處。爾後，無論再小的神社，只要經過，我必定進入參拜。

人們之所以會覺得神社不如寺廟有許多可看之處，原因之一是神社為屬神的場所（可參考前一節）。比方說，在參拜者能看見的拜殿裡，大多沒有過多的裝飾，乍看之下十分樸素。不過其實在安奉御神體的本殿中，就有許多精緻雕刻，且極具豐富色彩。

如果能像這樣事先習得些許神社相關知識，就能明白神社境內其實有很多可看之處。例如社殿樣式，就有神明造、大社造、春日造[*1]等，形形色色的建築樣式。這是寺廟所沒有的特徵。

這間神社是何種建築樣式？附近的神社又是否相同呢？像這樣試著比較，也相當有趣。而鳥居的形狀也千變萬化，同為值得矚目的焦點（參考第100頁）。

雖然神社沒有佛像，卻並非沒有雕刻品。社殿壁梁上就有著許多雕刻，例如祥龍等靈獸、十二生肖、御祭神神話或中國傳說等，雕刻主題千變萬化。貊犬的姿態也花樣繁多。有些地方還會安置狐狸等神使像。

攝社、末社[*2]裡祭祀著哪位神明？還有奉納石燈籠等人物年代，經由這些細節，能夠明白神社或該地區的歷史文化。

用語解說

＊1 **神明造、大社造、春日造：**代表案例為伊勢神宮正殿的神明造，出雲大社本殿的大社造，以及春日大社本殿的春日造。

＊2 **攝社、末社：**神社境內除了祭拜主祭神的本殿之外，還能見到攝社、末社等小小的祠堂，大多祭祀著主祭神的雙親子女，或是有關連的神祇。

神社境內配置著形形色色的事物

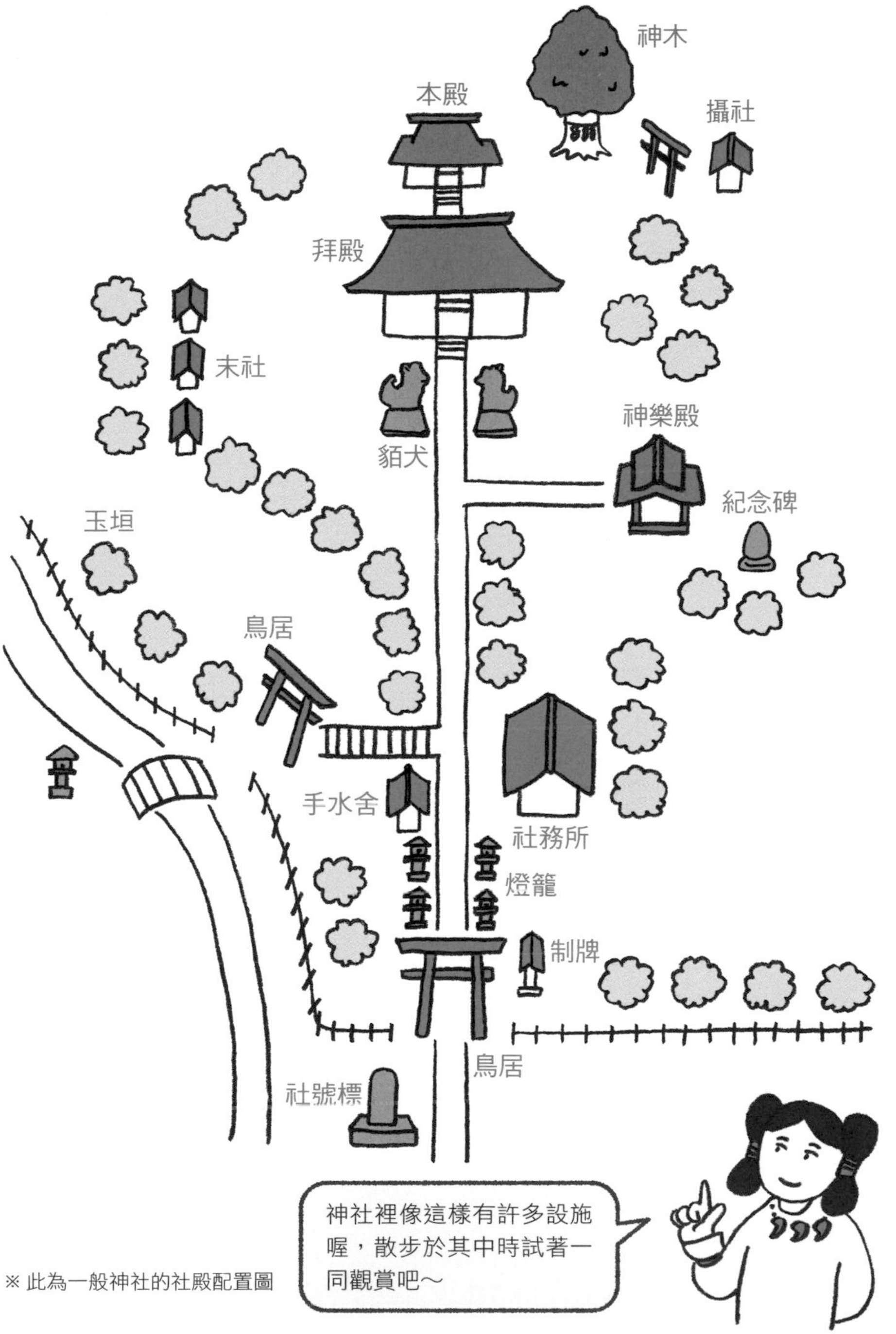
神木
本殿
攝社
拜殿
末社
神樂殿
貊犬
紀念碑
玉垣
鳥居
手水舍
社務所
燈籠
制牌
鳥居
社號標
神社裡像這樣有許多設施喔，散步於其中時試著一同觀賞吧～

※ 此為一般神社的社殿配置圖

41

聽說有些神社沒有本殿或拜殿，是真的嗎？

——有些神社不需要本殿或拜殿

先說結論。的確有些神社沒有本殿，也有些神社沒有拜殿。

並非因為規模太小而無法建造拜殿，或經營困難導致無法重建本殿。有些頗具歷史的大型神社，也沒有本殿或拜殿。

沒有本殿的神社代表，為奈良縣的大神神社及埼玉縣的金鑽神社。而沒有拜殿的神社代表則是伊勢神宮。

大神神社及金鑽神社沒有本殿的理由很明確，因為兩者的御神體皆為山岳。本殿建築主要是用以安奉寄宿神靈的御神體。但是根本無法將山岳安置於本殿，更不可能搭建足以覆蓋山岳的建築，因此才會沒有本殿。

據傳這是從面朝著聖山祭祀的時代所承續至今的信仰。過去在日本各地，都有過類似的神社。只不過沒有本殿的神社數量逐漸在減少，據信是因為很多神社都將神靈從山中遷靈至神社境內祭拜的緣故。

將神靈迎請至神社境內，隨時都能直接祭拜，不需上山舉行儀典。不過聖山信仰的轉變，或許也還有其他原因。

另一方面，沒有拜殿的神社，是立基於神社屬神明場所之故。在建築物裡朝拜感到有失禮數。佛教傳來日本後，當時的寺廟*也認為金堂（安置本尊的建築物）是僅屬神佛的場地。除舉行法會的僧侶外，一般信徒都在堂外進行禮拜。

用語解說

＊ **佛教傳來日本後，當時的寺廟：** 如奈良縣班鳩町的法隆寺等。

沒有本殿的神社神明，居住於大自然中

視山岳或瀑布等為御神體的神社，大多沒有本殿。

御神體為山岳

御神體為瀑布

遵從古時風俗而朝自然界祭祀的神社，大多沒有本殿。

沿襲古時的齋場

42

為何有所謂的奧宮？

——因為神明自深山降臨

鎮座在越後靈峰——彌彥山山麓的彌彥神社，於標高六三四公尺的彌彥山山頂上，設置了祭祀著伊夜日子大神及其妃神妻戶大神的御神廟（奧宮）。另外，鎮座於津輕靈山——岩木山山麓的岩木山神社，其奧宮也在標高一六二五公尺的山頂上。

除了這些鎮座於知名靈峰的神社外，為何還有其他鎮座在山麓或山中的神社，都在山頂上有其所屬奧宮呢？

因為人們曾相信，神明是從山頂或藉由山頂自天界降臨。

古代日本人認為山岳屬神明領域。彌彥山、岩木山或富士山等靈峰，這些山岳就是聖域，也可說就是神明本尊。但有很多地區信仰認為，即使是鄰近鄉間的一般山丘中，也都存在著神祇。人們相信這類神明會在春季時化為田神，來到鄉里促進農作結實。在結束採收後，才再次回到山中*。

為了配合神明行動，才會建造社殿。

事實上，沿海地區也有類似的信仰。沿海居民曾相信，神明並非自山岳降臨，而是遠從海洋彼端渡來。為迎接神明，會在臨海處建造本殿，同時也在外島建造神社。

這類神社舉行的祭典，大多會以搭載御神轎的船隻，由海濱前往外島，讓神明得以巡幸。重現神祇造訪人民所在之處的樣貌。

用語解說

* **春季時～回到山中**：並非所有山神都會如本文敘述般移動。現今僅剩部分農村延續這類信仰。

神明自深處聖地而來

神明往返奧宮

奧宮神明會在春天時，成為田神來到里宮。於祭典當日搭乘神轎，出發前往田宮。秋季結束採收後，再度回歸山中。

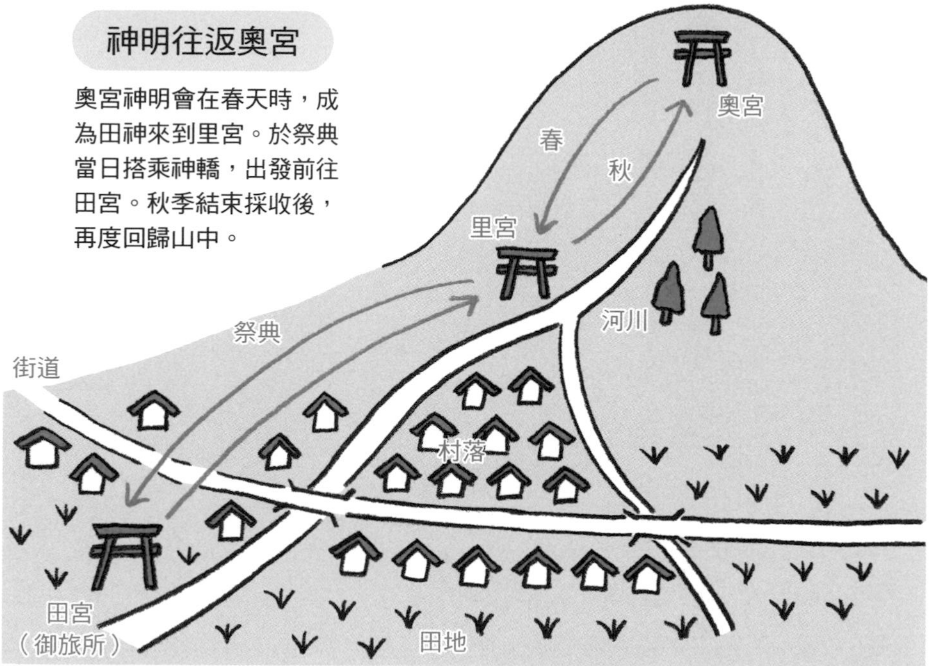

奧宮
春
秋
里宮
河川
祭典
街道
村落
田宮
（御旅所）
田地

此圖參考鎌田東二監修的《快速理解日本神祇》（東京美術出版社）一書製作

臨海地區的情況

臨海神社會替代奧宮，在外島建造社殿。

神明會往返於陸地及海洋對岸。

外島
臨海神社

43

為何岩石或樹木上綁有注連繩？
——因為是屬於神域的事物

為表示該場所事物的神聖性質而綁上的繩索，名為注連繩。又寫作締繩、標繩、一五三繩、七五三繩或〆（しめ）繩。以稻草製作*，再掛上一節節名為垂紙的白色紙條。

被注連繩劃分的場地或綁起的事物十分神聖，絕對不能進入或是觸碰。

神社境內的巨石或大樹上綁有注連繩，是起因於人們相信那是非常神聖的事物。

注連繩在神聖場地事物上做出結界的目的，是為了不使其沾染污穢，同時給予人類警告。因為這些神聖事物屬神，若做出玷污之事，將受到懲罰。

那麼，為何巨石大樹這麼神聖呢？

重新深究《古事記》涵義後，為神道教帶來莫大影響的國學家本居宣長，曾寫過如下內容。

「不僅人類，包含鳥獸草木、山岳海洋等。無論人事物，若擁有超凡品德、雄偉宏觀，就是神。『超凡』，意指尊貴，意指良善，不單僅是具備神勇。即使是作惡鬼怪，若為其世間少有，也能作神。」

換言之，超乎人類的想像，岩石樹木皆為神祇。或許可能不同於祭祀於神社的神明，但也屬於超出人類理解範圍的神界的存在。

不以人類價值觀來判斷敬畏這些「神明」，正是神道教的中心思想。

用語解說

＊ **以稻草製作**：注連繩的形狀依地域有所不同。一端粗而另一端細的注連繩，被稱為蘿蔔結。

「神靈」寄宿在不可思議的事物裡

神道教中，具備這些特徵的事物存在於神域。
未經允許觸碰玷污，是相當忌諱的行為。

古老事物

樹齡久遠的大樹等

和御祭神相關的事物

相傳為御祭神栽植的樹木等。

超乎想像的巨大事物

巨岩或巨木等。

形狀特殊的事物

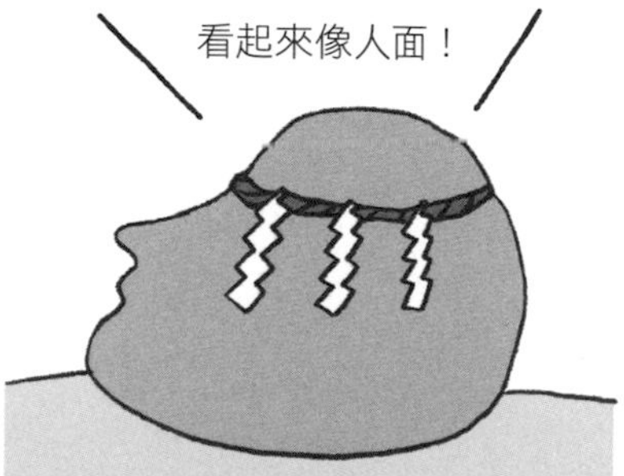

奇岩怪樹等。

44 明明就沒有鳥，何以稱之鳥居？
——關於鳥居的語源及由來，至今尚無定論

鳥居就好似神社的象徵。

只要立起鳥居，即使沒有社殿，還是能夠得知該處為祭祀神祇的場所。再者，就算社殿為現代建築，若有鳥居，也能立刻發現這裡就是神社。

因此，地圖上標記神社的記號為鳥居*，十分地合情合理。只不過，鳥居究竟何時出現於神社？又為何稱為鳥居？至今尚無定論。關於鳥居的起源，依然充滿著許多謎題。

雖不知起源，但由於鳥居多為木造，而導致無法完整保存於古代遺跡。或許因為在日本人日常生活中，鳥居已是理所當然的存在，才沒有特別留下相關紀錄。現存最古老的鳥居，是山形縣最上地區的石造鳥居，建於平安時代晚期。由此可知，平安時代開始的鳥居與現今的鳥居相同，但在此之前的樣式就不明了。

一說是受印度稱為托拉納（Torana）的門戶，或中國華表木傳入日本後演變而來，不過這種說法尚未得到證實。

也有說法指出鳥居起源自諏訪大社立起大柱的御柱祭。然而即使鳥居構造簡易，但不只是木柱也並非建築。含有立下結界的功能，好區隔凡間與神域，所以不應與立柱祭等祭典相提並論。

從神話或古墳壁畫得知，古代日本人認為死者亡靈會化身鳥類。因此還有一說，認為鳥居是為了阻擋這些鳥靈。

確實，鳥居的外型易於鳥類停留，名稱也可譯為「鳥類居停」。不過這個說法依然欠缺決定性的證據。

用語解說

＊ **地圖記號為鳥居**：江戶時代的地圖中，也曾以鳥居符號代表神社。

神社的鳥居樣式也值得矚目

各部位名稱

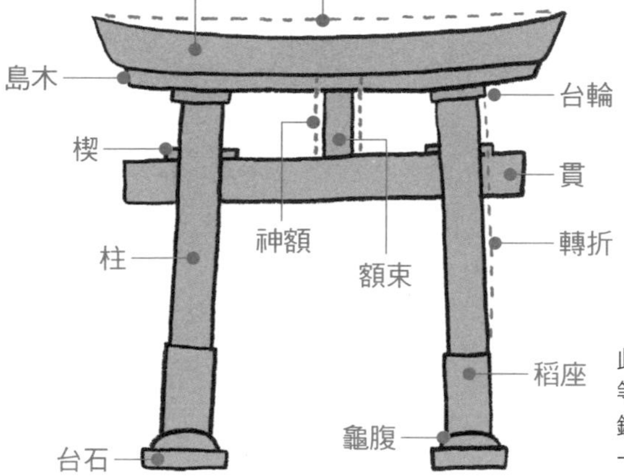

此圖參考外山晴彥等人編修的《神社鑑賞法》（小學館）一書製作

神明系

特徵　笠木下沒有島木。
與明神系相比較為樸素。

黑木鳥居／野宮神社（京都市右京區）

鹿島鳥居／鹿島神宮（茨城縣鹿嶋市宮中）

明神系

特徵　除島木外，還有逆彎與轉折。
與神明系相比有較多裝飾。

稻荷鳥居／伏見稻荷大社（京都市伏見區）

山王鳥居／日吉大社（滋賀縣大津市坂本）

45 神社裡的貊犬或狐狸有何涵義？
——犬是守護神社的靈獸，狐狸是神明的使者

很多人會將觀察貊犬當作巡禮神社時的樂趣之一。有些是唐獅風格、有些是大型犬風格，有些甚至帶著幼獸或圓球，依時代背景及地區環境而有所差異。

貊犬的正式名稱為獅子貊犬。張嘴的為獅子（阿形），閉口的為貊犬（吽形）。

一說貊犬多有獸角，不過經常也能看見沒有獸角的雕像。

據說貊犬起源自古代近東在神殿前安置的靈獸，之後隨佛教一同傳入日本。

貊犬大多安置於參道兩側，但古時也曾擺放在室內，還有被描繪在本殿壁板上的例子。不只神社，宮廷或貴族居所也會擺放。

貊犬的功用是監視守護，不讓邪物進入神社境內。在貴族居所中，則被作為疊壓御簾或書桌的道具，同時也被期待能帶來驅魔的效用。

類似貊犬的動物，還有稻荷社的狐狸（靈狐）。常有人認為這與安置在參道兩旁或社殿前方的貊犬相同。然事實並非如此。

稻荷社的狐狸不像貊犬一樣帶有守門獸的功能，而是協助神明的使者*。

神使依神祇（神社）而有所不同。知名的神使還有天神大神（菅原道真公）的牛隻、大國主神的老鼠、春日大社與鹿島神宮的鹿、熊野三山的烏鴉（八咫烏）及八幡宮的鴿子等。

用語解說

＊ **協助神明的使者**：只要對著狐狸說出願望，狐狸就會轉達給稻荷神。於是狐狸逐漸地也成為被信仰的對象。不過，狐狸充其量只是使者，而非神明。

神社中有很多為神明工作的動物

貊犬

吾嬬神社（東京都墨田區立花）的貊犬。右為阿形，左為吽形。受到佛教影響。

狐狸

伏見稻荷大社的狐狸。

牛隻

曾背負菅原道真公遺體前往聖地。此為平河天滿宮（東京都千代田區平河町）。

老鼠

拯救遭遇火難的大國主神。此為大豐神社（京都市左京區）。

46

神主與宮司有何不同？

——宮司是神社領袖，神主是一般的神職人員

偶爾有人會問「神主與宮司，誰比較偉大呢？」這個問題其實有點複雜。

但若問「神社裡最偉大的人是誰？」那麼答案是「宮司」。之所以會覺得「神主與宮司……」這樣的問題有些困難，是因為宮司也是神主。

因為「主」字，有人會覺得這代表了「神社之主」。實際上，神主意指神職人員。

也就是說，即使是剛成為神職人員的菜鳥或擔任神職已久的前輩，皆為神主。

順道一提，古代稱呼神職人員為祝部。

這樣大家應該就能理解神社中最偉大的人物是宮司*。但「偉大」是指最高責任者。以公司行號類比，等同於社長，以寺廟類比就相當於住持。

除此之外，神社還有其他職務（職階），即負責輔佐宮司、管理儀典的禰宜。

自古代就有禰宜職階。最初設立禰宜職階的，據說是伊勢神宮。

規模較小的神社，通常以宮司—禰宜—一般神主的體制營運。若是規模龐大的神社，如此簡單的體制會無法對應所有事務，因此在宮司之下有權宮司，禰宜之下有權禰宜。

另外，也會稱呼尚未熟悉神社職務的神職人員為出仕。

這些神社職階由高至低分別為淨階—明階—正階—權正階—直階，另外再從特級至四級分成共六種身分，以檢定考試決定晉級。

用語解說

* **最偉大的人物是宮司**：但像伊勢神宮這類特殊神社，在宮司之上還有祭主或大宮司等職務。

各式各樣的神職職務與階級

職階

在神社擔任職務的神職人員

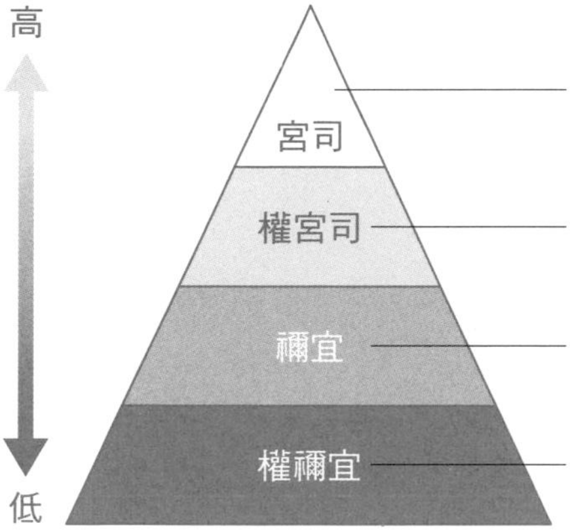
高
宮司
權宮司
禰宜
權禰宜
低

神社的代表職員。以公司行號舉例如同老闆、社長，每間神社只有一位。因現代女性神職人員逐漸增加，也有許多女性宮司。

在規模較大（神職人員數量眾多）的神社，所設置的職務。以公司行號舉例如同副社長。

負責輔佐宮司。主要負責儀典。以公司行號舉例等同經理或課長。

在規模較大（神職人員數量眾多）的神社中會設置的職務。

※ 也有僅有宮司的神社

階位

在隸屬神社本廳的神社中，為取得職務（權禰宜以上）所需的資格（檢定制）

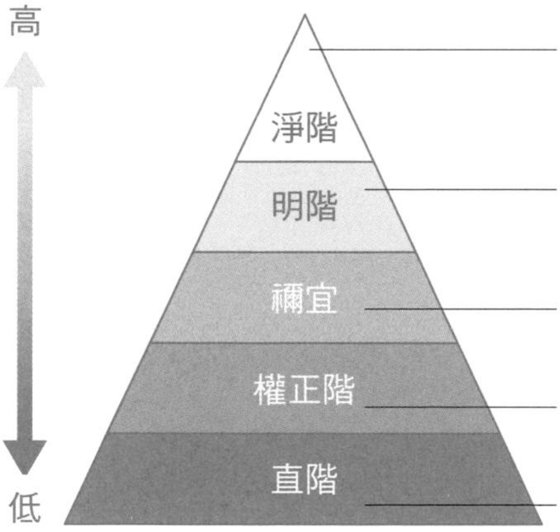
高
淨階
明階
禰宜
權正階
直階
低

最高等級。已取得明階等級的人，長久以來對神道教研究做出貢獻後，所獲得的榮譽階位。在日本全體神職人員中，僅占 2% 左右。

成為舊官國幣社（參考第 108 頁）等高階神社宮司與權宮司所必須取得的階位。除了伊勢神宮，在任何神社都能擔任宮司。

舊官國幣社等高階神社的禰宜與宮司代理人所需取得的階位。

一般神社的宮司及宮司代理人。若想擔任舊官國幣社等高階神社的權禰宜，所需要的階位。

若想擔任一般神社的禰宜與權禰宜，所需要的階位。

另外，還依照對神社界的貢獻程度，所給予的六種等級身分。

	等級	袴褲的顏色及紋樣
神職的身分	特級	白色袴褲加上白色紋樣
	一級	紫色袴褲加上白色紋樣
	二級上	紫色袴褲加上淡紫色紋樣
	二級	紫色袴褲（沒有紋樣）
	三級、四級	淺蔥色袴褲（沒有紋樣）

袴褲顏色依級別有所不同。

47 巫女負責做什麼？
——原本是神明與祈願者間的仲介人

想成為神職人員，就必須取得資格。要通過神社本廳的檢定考，或在國學院大學、皇學館大學等養成機構取得學分，並完成實習。

但巫女不需資格。依各神社或許需要某些條件（如年齡或居住地等），但沒有資格考試這類檢定。

然而，古代巫女並非常人能擔任的職務。

古代巫女需讓神靈憑附其身，或以靈魂姿態前往神明所在之處，聽從神明指示。於是，若無這種能力，無法成為巫女。

在古代祭祀中，這些巫女不可或缺，所以在神社裡擁有一定的地位，社會地位也相當崇高。

從古代巫女起源——天宇受賣命（參考第36頁及66頁）在神話故事中擔任要角一事可知。還有邪馬台國女王——卑彌呼及神功皇后（參考第76頁），都擁有讓神靈憑附其身，接收神諭的能力。

但隨著時代流轉，比起接收神宣，人們變得更加重視如何肅敬莊嚴地舉行祭禮。

於是，神社巫女不再舉行神宣，逐漸演變成擔任為神明獻上舞蹈藝能等的職務。

另一方面，舉行神宣的巫女則開始於民間活動。召喚死靈，傳達其言等通靈巫女*即為一例。

用語解說

＊**通靈巫女**：東北的齋女（イタコ）及沖繩的世多女（ユタ）即為此例。

被允許能夠接近神明的特別女性

古代巫女

取自《松崎天神緣起繪卷》

取自《七十一番職人歌合》

讓神靈憑附其身接收神諭，再予以告知或占卜。活躍於古代的神功皇后或卑彌呼也曾是巫女。

隨時代變遷

神社巫女

在神前奉納藝能（神樂），或輔佐神職人員。

民間通靈巫女

召喚神明或死靈，傳達其語。

48

神社入口的石標上寫著什麼？
——神社社號或格式，以及御祭神的神格

樹立在神社入口的石柱，稱為社號標。「社號」意指神社稱號，上面寫著神社名稱。作為稱號的「社號」，有神宮、宮、大社、神社、社、大神宮等六種。雖曾使用過明神（大明神）、權現（大權現）稱號，但由於那是受到佛教影響的因素，在神佛分離後，便逐漸減少使用*。

那麼，關於社號標上所寫的內容，部分神社會刻上「○○神社」等神社名稱，然而也經常發現有些社標號還寫著「官幣大社○○大社」「式內社○○神社」。

所謂「官幣大社」「式內社」，代表神社的格式、社格。

「官幣大社」是在西元七九八年（延曆十七年）所制定的社格制度。

當時，朝廷將全國各地主要神社，區分為由朝廷直接管理的官幣社，與國司管理的國幣社。再將這些神社分成大社及小社。

也就是說，從官幣大社至國幣小社，日本全國主要神社被分為四大種類。

社號標上，雖記載當時所制定的社格，但必須注意，明治時代期間又重新制定了官國幣社制度。明治時代訂定的制度中，官幣社與國幣社各自被區分為大社、中社、小社。如果看見社標號上寫有官幣中社或國幣中社，即可得知是依據明治時代的制度所成立。

「式內社」則指曾被登錄在西元九二七年（延長五年）所完成的法書《延喜式》中，「神名帳」裡的神社列表。

用語解說

＊ **神佛分離後不再使用**：東京神田神社在古時曾以神田明神一名，深受百姓信仰的緣故。因此現今依然被暱稱為「明神」。

社號標上的標記規則

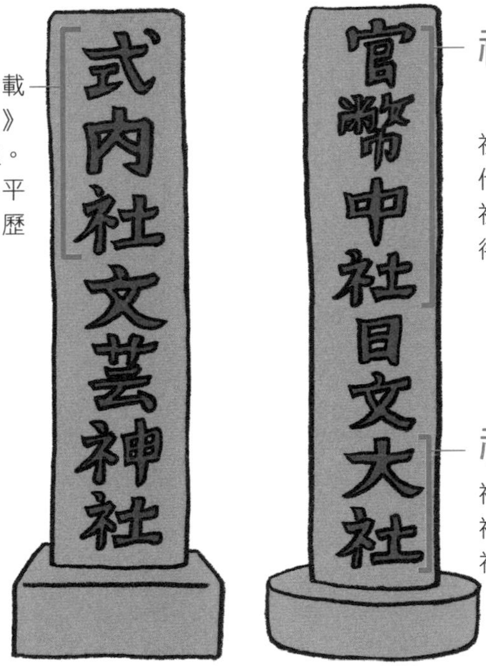

表示曾被記載在《延喜式》「神名帳」裡。代表創建於平安時代前，歷史悠久。

社格
（官國幣社制）

社格年代分為古代和近代。古代社格只有大社小社，沒有中社。所以能夠得知此為近代社格。

社號

神社稱號。現在使用的為神宮、宮、大社、神社、社、大神宮。

● 也有這種情形……

御祭神神階

稻荷社大多記載著正一位。

伊奘諾神宮
（兵庫縣淡路市多賀）

49

為何有這麼多同名的神社？

——因為受眾人喜愛，神社建造了許多分社

常見的同名神社，像八幡宮、稻荷神社、天滿宮、春日神社等都是。有些會在名號前再加上地名與由來等相關名稱，但這些同名神社的社號基礎是相同的。

為何這些神社的數量如此龐大呢？那是因為八幡神或稻荷神等信仰廣傳，許多人想跟進祭祀。這些信仰的擴展，可分為幾種模式。

日本全國的八幡宮、八幡神社，總本宮是大分縣的宇佐神宮。隨其信仰延伸，各地紛紛建起分社。鄰近平安京的石清水八幡宮也因受朝廷崇敬，產生許多分社。

其中一個分社就是鎌倉的鶴岡八幡宮。鶴岡八幡宮受到古代武士的信仰，所以武士們分別在其據點建造分社。

自奈良時代到平安時代，權勢大漲的藤原氏族視春日大社為氏神，於是在各地莊園建立分社（春日神社）。春日信仰藉此擴大範圍。

作為稻荷信仰總本宮的伏見稻荷大社，與東寺之間有著相當深厚的關聯。因此逐漸成為鎮守神社，祭祀在真言宗寺院（東寺為真言宗總本山）。此外，稻荷信仰也與各地田神信仰（參考第96頁）結合，廣傳農村鄉里間。

而分社的分布狀況，也因各神社而有不同特徵。例如冰川神社*對住在東京的人們來說，是非常親近的存在。但西日本的人們幾乎不熟悉。這就是何以冰川神社的分社多集中在荒川及隅田川間的區域。

用語解說

* 冰川神社：總本宮是鎮座在埼玉縣埼玉市大宮區的武藏國第一宮——冰川神社。

藉由分靈，相同名稱的神社逐漸增加

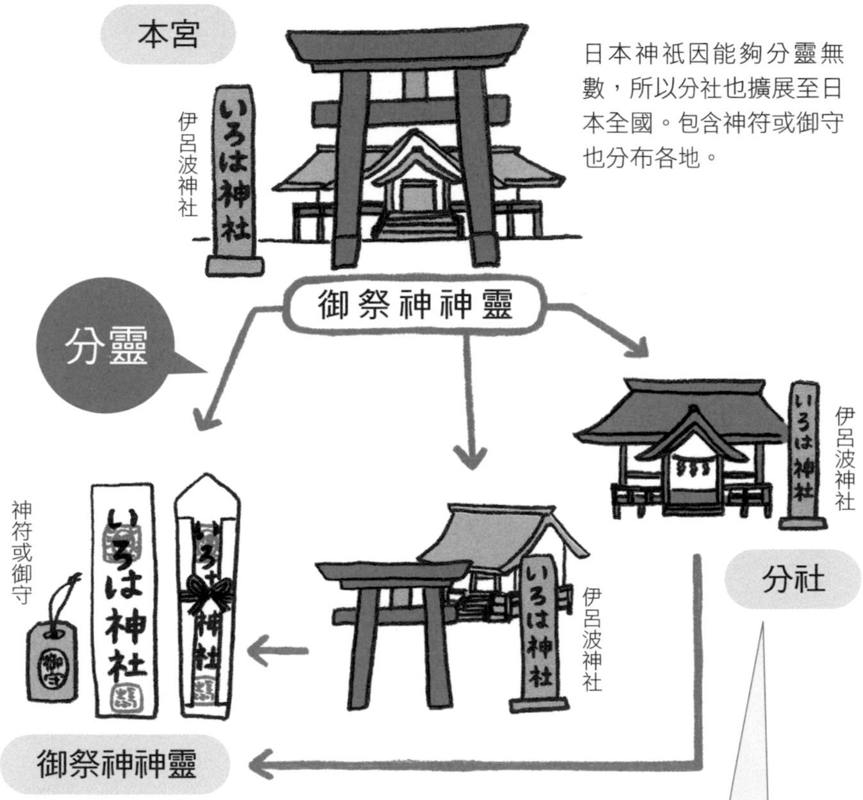
本宮
伊呂波神社
いろは神社
日本神祇因能夠分靈無數，所以分社也擴展至日本全國。包含神符或御守也分布各地。
御祭神神靈
分靈
伊呂波神社
いろは神社
伊呂波神社
いろは神社
分社
神符或御守
いろは神社
御守
御祭神神靈

比如……

就連在夏威夷檀香山市，都有島根縣出雲大社的分社。

夏威夷出雲大社，是明治時代的日本移民所建。

就連海外也祭祀著日本神祇～

50

為何伊勢神宮被視為特別的存在？

——因為與最高神明天照大御神間的深切關聯

在統括全日本神社的神社本廳《神社本廳憲章》*中，有這麼一段內容：「神社本廳視神宮為本宗信仰，獻上贊奉之誠。」

句中的神宮，是伊勢神宮的正式名稱。而本宗一詞，代表伊勢神宮為所有神社的根源，應受至高無上的崇敬。

為何伊勢神宮如此特別？這必須追溯至天孫降臨時。

天照大御神託命御子神天忍穗耳命統治地界時，拿出三神器中的八咫鏡後說道：「將此鏡當作我，安奉祭祀在你居住的宮殿裡。」

雖然最後前往地界的是天忍穗耳命的御子神——邇邇藝命，但邇邇藝命也繼承了這個命令（神敕）。

自神武天皇開國後，歷代天皇也依舊遵守著此神敕。直到第十代崇神天皇時代，由於寄宿鏡中的天照大御神靈威過於強大，無法祭祀於宮中。

因此天皇將八咫鏡託付皇女——豐鍬入姬命，要她出發前往尋找適合祭祀的場所。

尋找祭祀八咫鏡場所一事，持續到下一代垂仁天皇年代。

垂仁天皇皇女——倭比賣命，經由近江地區和美濃地區，最後抵達伊勢時，收到神諭告知「正是此處」。

於是便在伊勢建造伊勢神宮內宮。因基於天照大御神的神意，而在此建造伊勢神宮祭祀其靈，所以特別受到崇敬。

用語解說

＊《神社本廳憲章》：制定於西元 1980 年（昭和 55 年）。用以取決神社或神社本廳機能，以及神職責任等。

歷經數世代波折，終於成功創建的伊勢神宮

START

天照大御神將鏡子託付天忍穗耳命，命令祂在地界建造宮殿，將鏡子視為祂的分身祭祀。

邇邇藝命接替天忍穗耳命，降臨地界。

歷代天皇承續遵從天照大御神神令。

第 10 代崇神天皇時代，鏡中靈威過於強大而無法於宮中祭祀。所以將鏡子交給皇女豐鍬入姬命，要她尋找適合祭祀之地。

第 11 代垂仁天皇時代，皇女倭比賣命繼承了尋找地點的任務。

倭比賣命抵達伊勢時，收到神諭告知「正是此處」，而在此建立宮殿。

GOAL
創建
伊勢神宮

51 神社裡會舉行什麼活動呢？

——有非常多的祭典，其中最重要的是祈年祭、新嘗祭和例祭

其實在有神主常駐的神社裡，每天都會舉行祭典。每日早晨舉行的日供祭，要將神饌（神明飲食）供奉神前，感謝御神恩，並祈禱世間平穩。因為日供祭大多在參拜者到訪前舉行，知道的人或許不多，但這是重要的祭典之一。

神社中舉行的祭典，可分為大祭、中祭、小祭。日供祭或每月一日、十五日舉行的月次祭*，屬於小祭。

而最重要的大祭，分為定期舉行與臨時舉行兩類。定期舉行的祭典，又分為祈年祭、新嘗祭和例祭三類。

祈年祭及新嘗祭是與稻作相關的祭典。二月十七日的祈年祭，為祈求今年豐收。十一月二十三日的新嘗祭，則是將剛採收的新米供奉給神明。

例祭又稱例大祭。會在被各神社視為特殊之日（御祭神出現的日子或神社創建日）的日期舉行。於是各神社舉行例祭的日子不同。基本上是一年一次，但有些神社也會一年舉行兩次。

臨時的大祭有鎮座祭、遷座祭、合祀祭、分祀祭等。從名稱上能得知，這類祭典是當神社創建或搬遷時舉行。

神社的年度重要祭典，還有六月三十日與十二月三十一日舉行的大祓。

大祓祭是幫助人們驅祓平日不知不覺所犯下的罪念污穢。穿過設置在參道的茅輪，就能去除身心靈的不淨。

用語解說

＊ **月次祭：**每個月都會舉行的祭典。原本只在 6 月及 12 月舉行。目的是祈求皇室、國家安寧，及當地氏子的成功安泰。

為日常生活帶來富裕的神社年度祭典

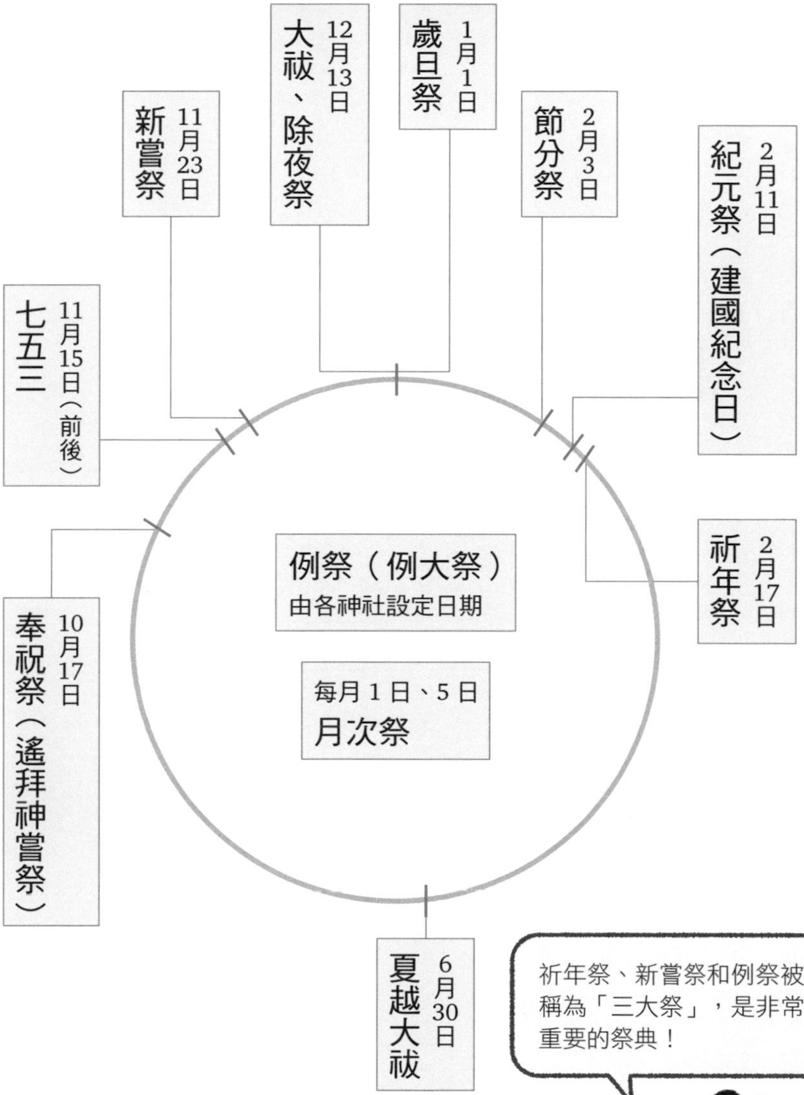
1月1日 歲旦祭
2月3日 節分祭
2月11日 紀元祭（建國紀念日）
2月17日 祈年祭
6月30日 夏越大祓
10月17日 奉祝祭（遙拜神嘗祭）
11月15日（前後） 七五三
11月23日 新嘗祭
12月13日 大祓、除夜祭
例祭（例大祭）
由各神社設定日期
每月1日、5日
月次祭

祈年祭、新嘗祭和例祭被稱為「三大祭」，是非常重要的祭典！

本頁講述的神事指一般情況。依各神社，有時會舉行其他祭典，還會舉行攝社、末社的例祭。

52 哪間神社可進行健康祈禱？——以少名毘古那神為主祭神的神社

少名毘古那神自古被視為醫藥神。相傳祂和大國主神*共同造國時，還教導了人們醫療醫藥相關知識。

鎮座於大阪市中央區道修町的少彥名神社，從江戶時代起就受藥材批發商的深厚信仰。豐臣秀吉時代，道修町聚集許多藥材批發商，所以將其視為守護神而創建該社。直至今日，依然深受藥品廠商崇敬。

和歌山加太的淡嶋神社也祭祀著少名毘古那神，據說對於女性健康相當靈驗。

受到藥品廠商崇敬的奈良縣櫻井市的狹井神社（大神神社的攝社），歷史悠久，可追溯到古代。第十代崇神天皇時期，因平定了大肆蔓延的傳染病，作為治癒疾病的神明而廣受信仰。

京都市北區紫野今宮町的今宮神社，也有鎮壓疾病的相關歷史由來。

四月舉行的夜須禮祭是京都三大奇祭之一，主要防止傳染病隨花開散播（狹井神社鎮花祭也是雷同的祭典）。為能維持身強體壯，可將自身厄運遷移於人偶上，所以夜須禮人偶也相當受到歡迎。

除了保佑身體健康，其實還有像專門醫科般，對應特定部位疾病的神社。像三重縣大紀町的頭之宮四方神社，據說對治療頭部與心臟疾病相當靈驗。

另外，據傳東大阪市東石切町的石切劍箭神社對治療腫脹物頗具效果，便逐漸稱其為「腫脹神」。

用語解說

* **大國主神**：和少名毘古那神一樣，大國主神也被視為醫藥神而深受信仰。

具有疫情退散、治癒疾病等御神德的神社

少彥名神社

創建於西元 1780 年（安永 9 年）。共同祭祀著少名昆古那神與被視為中醫藥學神的神農。

大阪知名土產「張子虎」，是該神社的除病御守。

狹井神社
（大神神社攝社）

創建於第 11 代垂仁天皇時代。御祭神為大國主神荒魂。深受製藥醫療相關者的崇敬信仰。

狹井神社鎮花祭

通稱為「藥祭」。西元 701 年（大寶元年）被制定為國家祭祀。祭典中，會利用生長在三輪山裡的藥草──百合根及忍冬，製作成特殊神饌貢獻神明。

53

哪間神社可幫忙結緣？
——不只出雲大社，日本各地都有獨特的神社

提到結緣神社，首先必須聊聊出雲大社（島根縣出雲市大社町）。

關於出雲大社以結緣聞名的理由有各種說法，但沒有確切答案。

一說為御祭神大國主神和眾女神相戀，生下眾多御子神*。但應該還是與日本全國神明會在神無月期間，聚集出雲地區有關吧。聚集在出雲的神祇，在出雲大社舉行會議，互相討論氏子們的姻緣。

同樣位處出雲的八重垣神社（松江市佐草町），據說是當須佐之男命斬殺八岐大蛇時，其妻櫛名田比賣命隱身之地，兩人新婚後並在此建造宮殿。

另外，靜岡縣熱海市伊豆山上野地的伊豆山神社也被視為結緣神社，其理由有二。

一是由於境內的結明神社。傳說此處的巨大杉樹誕生出一對男女並成婚，爾後祭祀於此，自古以來一直都會舉行「一名戀祭」。另一個理由是年輕時的源賴朝因罪流放至此時，與北條政子在此相遇並相戀。

鵜戶神宮（宮崎縣日南市宮浦）則是因為位在彥火火出見尊（山幸彥）及豐玉姬命的新婚場所，神武天皇之父——鵜葺草葺不合命也誕生於此。

值得一提的是，第一對舉辦神前式婚禮的是大正天皇。而修正神前式婚禮形式，使其普及民間的是東京大神宮（千代田區富士見），因此源由而被視為結緣神社，特別深受女性篤厚信仰。

用語解說

＊ **眾多御子神**：據《日本書紀》記載，大國主神共產下了 181 尊御子神。

具有結緣、成就良緣等御神德的神社

出雲大社
為天津神授予大國主神的神社。原名杵築大社，明治時代後才改稱。

名為結緣神像的大國主神神像。

八重垣神社
登場於須佐之男命神話的神社。原名佐久佐社，明治時代後才改稱。

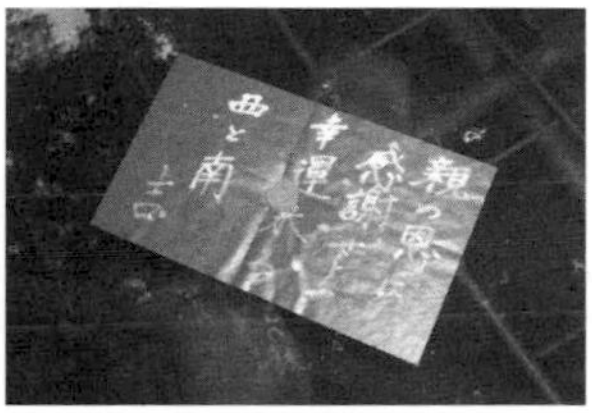

在鏡池可占卜戀情或婚姻。將放有硬幣的占卜紙張流向池面，越快沉沒，就代表能夠越快遇得良緣。

伊豆山神社

因古代對熱海日金山及走水溫泉的信仰，此處祭祀著伊豆山權現。因獲得源賴朝崇敬，歷代將軍都曾前往參拜。

傳說源賴朝與北條政子曾併坐於此談情說愛的腰掛石。

54

哪間神社以提升財運聞名？
——金刀比羅宮、金華山黃金山神社、今宮戎神社等

能夠帶來金錢財運的神社境內，總是充滿著活力，光是在其範圍內走動，感覺好像就能增強運勢。攝社、末社也有獨特御神德，所以非常有趣。

位於香川縣琴平町的金刀比羅宮被暱稱為「金比羅」，深受人們喜愛。境內四處都能看見其御神紋*「金」字，走著走著，似乎也變得富有起來。參道上併排著大量奉納碑，更代表了受其神恩的人們數量。另外，金刀比羅宮的東京分社（港區虎之門）是受丸龜藩藩主迎請。江戶時代起就深受江戶人篤信。

若說光是聽其名號就能讓人感到富有的神社，宮城縣石卷市的金華山黃金山神社不遑多讓。據傳是為紀念建造東大寺大佛時所使用的黃金產自東北，因而創建。實在是非常吉祥的起源。並且整座島嶼全境皆為神域，相當稀有，是一生至少要參拜一次的神社之一。

不過要說到「生意興隆」的話，就不得不提一月十日初惠比壽日所舉行的十日戎活動。「想要生意興隆的話，就把竹葉拿來吧～」的喊叫聲此起彼落，神社授予民眾掛有吉祥物的福竹。

相對於關東地區有名的是十一月的酉市（東京都台東區千束的鷲神社等），西日本則為十日戎。特別是今宮戎神社（大阪市浪速區惠美須西）與西宮神社（兵庫縣西宮市社家町）相當知名。為祈求生意興隆、財源滾滾，平時前往兩社參拜的人潮即已絡繹不絕。

京都也有保佑生意興隆的神社。像是被視為市場守護神的市比賣神社（京都市下京區河原町），或商業才能之神的錦天滿宮（京都市中京區新京極通）等。

用語解說

＊ **御神紋**：神社紋章。如日本各家庭都有家紋般，神社也有各式各樣的紋章。

具有財源滾滾、生意興隆等御神德的神社

■金刀比羅宮

據傳創建於西元 1001 年（長保 3 年）。室町時代後，平民百姓開始流行參拜金毘羅。

金字神紋。過去曾使用常見漢字的「金」。但現今則使用異體字。

■今宮戎神社

據傳創建於西元 600 年（推古天皇 8 年）。御祭神為事代主神、須佐之男命等。每當十日戎舉行，都會有百萬多人前往參拜。

十日戎福竹

將綁有大金幣、小金幣、米俵、小槌等飾品的竹葉，裝飾在自家神棚或高於視線的牆壁上。

55 除了天神大神，真的還有其他學問之神嗎？

——菟道稚郎子或清原賴業也是學問之神

包括考生，對於準備取得證照或想進入學術領域的人而言，「學問之神」如同他們的心靈支柱。說起學問之神，大多會想到菅原道真公。但其實還有其他神祇。

比如思金神，此神對眾神而言，是如同智囊般的存在。當發生類似天照大御神隱身於天岩戶等事件時，祂就會思考相應對策。

祭祀思金神的神社數量並不多，如果在東京，可前往氣象神社（杉並區高圓寺、冰川神社境內）參拜。這裡不僅是日本唯一的氣象神社，同時也能祈求學業成就。

鎮座於京都府宇治市宇治山田的宇治神社，其御祭神菟道稚郎子命自古就被視為學問之神。菟道稚郎子命為應神天皇皇子，他精通儒教等文化。據傳宇治神社境內也是應神天皇的離宮遺址。

清原賴業公被祭祀在京都市右京區嵯峨朝日町的車折神社，是平安時代晚期的儒學家。傳說鎌倉時代公卿九條兼實曾讚「其才能，當稱神，當敬尊」。而社號車折的緣由，是因曾有牛車經過神社前時突然損壞一事。

飛鳥時期政治家小野妹子的後代子孫，小野氏*一族人才輩出。平安時代早期的公卿，也是學者的小野篁公正是其一。甚至傳說他還會代理閻羅王的職務。在小野照崎神社（東京都台東區下谷）或小野篁神社（滋賀縣志賀町）等神社，都將其祭祀為學問之神。

用語解說

＊ **小野氏**：活躍於 7 世紀前半至平安時代中期。歌人小野道風或小野小町都出身於該氏族。

具有學業成就、考試合格等御神德的神社

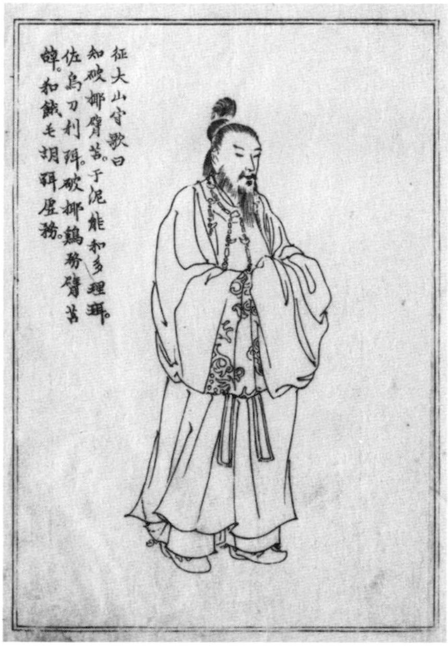

宇治神社

為將皇位讓予其兄而自伐的菟道稚郎子（生死年份不詳）。該神社將其神靈祭祀於他生前的居所遺跡。

菟道稚郎子命自幼聰慧，是深受應神天皇疼愛的皇子。

車折神社

於西元 1189 年（文治 5 年），作為清原賴業之墓所創建。

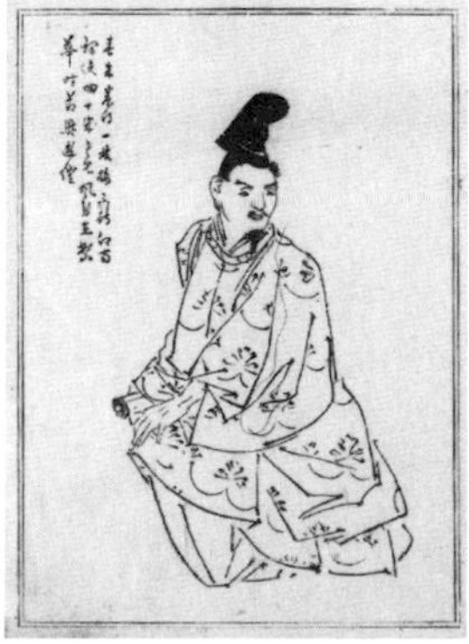

賴業公（西元 1122-1189 年）因擅長學問及政治，曾向後白河天皇上奏。

小野照崎神社

小野篁公歿後，於西元 852 年（仁壽 2 年）創建在篁公生前居所。

篁公（西元 802-952 年）。除精通漢詩與和歌，也擔任國家訂立法律要職。

56 哪間神社能有效祈禱美貌？——八坂神社的美御前社或下鴨神社的河合神社等

以男女平權觀點切入，不只有女性會祈求美貌，也應加入美男祈禱的要素。只可惜因無法確認有哪些神社可以祈求男性外貌，所以本文僅討論女性貌美祈願。不過這些神社的御祭神對男性應也有所助益，細節可向神社神職人員詢問。

首先介紹能夠祈求女性美貌的神社，就是八坂神社（京都市中山區祇園町）的美御前社。

美御前社祭祀著以美貌聞名的宗像神（宗像三女神＝田霧姫命、湍津姫命、市杵嶋姫命）。尤以市杵嶋姫命的美貌，與辨才天或吉祥天*視為同一神明。因此，據傳參拜美御前社，就能獲得美貌才藝。

另外也有傳聞，只要沾取兩三滴美御前社前方的御神水「美容水」，就能成為美人。

下鴨神社（京都市左京區下鴨泉川町）的攝社——祭祀著神武天皇之母玉依姫命的河合神社也是著名的祈求美貌神社。此處的參拜方式相當特別。手鏡形狀的繪馬上繪有臉孔，用自己的化妝品在臉孔畫上妝容，宛如將自己的分身獻奉於此一般，令人感到期待。

鎮座於滋賀縣愛莊町的豐滿神社，據傳能使人如其名般，成為豐滿的美女。

傳說只要觸摸境內的美人樹（自土地向上延伸為三公尺高的糙皮樹）樹皮，就能獲得美麗肌膚。境內還有從愛知川取得的心型石，只要輕抬心型石，據聞就能獲得良緣。

另外還有車折神社境內的清少納言社，可使人成為如清少納言般，成為才色兼具的美人。

用語解說

＊ **辨才天或吉祥天：**姿態如美麗仙女。辨才天是學藝與儲蓄神，吉祥天則能夠授予福德。

具有美德成就、守護女性等御神德的神社

美御前社（八坂神社．末社）

雖創建年間不詳，但在 17 世紀初期前即已存在。至今依然深受祇園藝妓或化妝品相關業者信仰。

只要沾點美容水，不但能保護肌膚健康，還能美化心靈。

河合神社（下鴨神社攝社）

據傳創建於神武天皇時代。同時也被認為是可保佑安產、育兒、長壽的神明。

河合神社的鏡繪馬

在繪馬正面畫上自己理想的表情樣貌，然後在背面寫下願望及姓名。完成後，面對鏡子祈禱，再將繪馬奉納於繪馬所。

57 哪間神社最適合祈禱勝利？——鹿島神宮、香取神宮、熱田神宮、藤森神社等

所謂勝利，不僅只有體育賽事或各種檢定考試，還包含商業競爭或戀愛告白等。提到勝負，此時最能夠仰賴的……果然就是武官神吧。

鹿島神宮（茨城縣鹿嶋市宮中）祭祀著活躍於讓國神話中的武甕槌大神（建御雷神）。而香取神宮（千葉縣香取市香取）祭祀著深受武藝者信仰的經津主神。宇佐神宮（大分縣宇佐市南宇佐）的八幡大神也受到以源氏為首的武士信仰。

將守護英雄神倭建命的草薙劍，作為御神體的熱田神宮（名古屋市熱田區神宮），也是相當值得依靠的神明。就連織田信長，也曾在桶狹間一戰前，到此祈求勝利。

石上神宮（奈良縣天理市布留町）也祭祀有靈劍。建御雷神的帶劍、須佐之男命斬殺八岐大蛇時所使用的神劍，這些都是物部氏族所擁有的神寶靈劍。也被認為是能讓人起死回生的守護神。

鎮座於京都市伏見區深草鳥居崎町的藤森神社，能保佑勝運、學問、馬匹。據傳也是五月五日菖蒲節句*的發祥地。傳說藤森神社的神靈會在這天，憑宿在家中裝飾的武士人偶中。此外，菖蒲的日語讀音同尚武、勝負，所以也被稱呼為勝負神。

埼玉縣東松山市箭弓町的箭弓稻荷神社，因其名而受到棒球選手或球員們信仰。據傳原是武官神，曾化身為弓箭形狀的雲朵，鎮壓叛軍。

另外，東京都新宿區百人町的皆中稻荷神社，也被暱稱為百發百中的「皆中稻荷」。

用語解說

＊**菖蒲節句**：又稱端午節句。日本人會在這天祝賀男孩成長。

具有提升勝運、武運昌隆等御神德的神社

鹿島神宮

據傳創建於神武天皇元年。作為關東、東北的守護神深受崇敬。

石上神宮

據傳起源於崇神天皇時代。物部氏祖先將神武天皇靈劍——布留御魂大神祭祀於此。

藤森神社

據傳起源於神功皇后遠征新羅後，返國時將武具奉納於此，並舉行祭祀。

例祭驅馬神事舉行當天，會在馬匹上展現騎乘馬術。競馬業界相關人士也會前來參加。

日本入門三部曲 3

神道教超圖解

影響日本人生活的信仰根本

眠れなくなるほど面白い　図解　神道

作　　者　澀谷申博
譯　　者　抹茶糰子
裝幀設計　李珮雯（PWL）
版面設計　黃畇嘉
責任編輯　王辰元

發 行 人　蘇拾平
總 編 輯　蘇拾平
副總編輯　王辰元
資深主編　夏于翔
主　　編　李明瑾
業　　務　王綬晨、邱紹溢
行　　銷　曾曉玲

出　　版　日出出版
台北市105松山區復興北路333號11樓之4
電話：（02）2718-2001　傳真：（02）2718-1258

發　　行　大雁文化事業股份有限公司
住址：台北市105松山區復興北路333號11樓之4
24小時傳真服務：（02）2718-1258
Email：andbooks@andbooks.com.tw
劃撥帳號：19983379　戶名：大雁文化事業股份有限公司

初版一刷　2021年8月
定　　價　380元
I S B N　978-986-5515-85-0

國家圖書館出版品預行編目(CIP)資料

神道教超圖解：影響日本人生活的信仰根本 / 澀谷申博著；抹茶糰子譯. -- 初版. -- 臺北市：日出出版：大雁文化事業股份有限公司發行，2021.8
面；公分.--（日本入門三部曲；3）
譯自：眠れなくなるほど面白い 図解 神道
ISBN 978-986-5515-85-0（平裝）
1. 神道　2. 日本

273　110011377